Catcher

一如《麥田捕手》的主角，
我們站在危險的崖邊，
抓住每一個跑向懸崖的孩子。
Catcher，是對孩子的一生守護。

孩子不專心，媽媽怎麼辦？

王意中
心理師◎著

孩子不專心，媽媽怎麼辦？

目錄

孩子不專心，
媽媽怎麼辦？

目錄

專注力養成的301個祕訣指南

【讓書寫更專心】

【讓閱讀更專心】

【有效運用時間】

【提升日常生活專注力】

【提升休閒娛樂專注力】

問題三十　如何透過休閒娛樂活動，強化專注力？

問題三十一　如何運用體能活動，提升專注力？

問題三十二　如何利用動腦遊戲，磨練專注力？

第一章

專注力的基本概念

提升專注力概念

我們常希望孩子的專注力好一點，認為在校成績自然而然就會高一些。但無奈的是，孩子怎麼老是沒在聽。「專心一點！」「認真一些！」爸媽總是耳提面命（雖然還是媽媽多念一些，誰叫爸爸老是放手不管），有理說到無理，但怎麼還是沒有動靜。

「什麼是專心？」

「嗯，這還要問？專心不就是那一回事。」

「哪一回事？」

「嗯，就……」

哇！糟糕，你會不會啞口無言？明明知道專心就是……卻又說不出來。

嗯，很有意思。如果爸媽都不知道專心是怎麼一回事（不服氣？那你說說看），那麼我們又該怎麼要求孩子專注？更何況，專注力是很難要求得來的。其實，如果輕鬆一點看待，或許專注力有可能「玩」出來。

練功之前，先來點基本的開胃小菜吧！和孩子一起認識專注力到底是怎麼一回事，如此一來，至少能讓孩子知道平時在「練什麼功」。

專注力的開胃五道菜是：1.集中性注意力；2.選擇性注意力；3.持續性注意力；4.轉換性注意力；5.分散性注意力。

這五種注意力，分別含有不同的專注營養成分。

就像投資理財有賺有賠，很自然地，孩子的專注力表現也會時好時壞。時好，讓孩子了解自己也可以做得到專注。至於時壞，倒不是就讓孩子兩手一攤說：「我就是這樣。」而是要找出那個搗蛋的分心精靈。

人的想法很有意思，當你自認為沒辦法專心時，分心就會順著你的意來糾纏你。別忘了，沒自信是很容易令人潰堤的。但是，如果相信自己做得到，那麼專注之神就有可能降臨。要行動喲！

專注力是否能重登舞台，精湛演出，有時就在人的一念之間。

問題一 孩子的專注力出了問題，怎麼辦？

「專注力有問題？小翔的專注力怎麼可能有問題？」小翔爸驚訝地問太太。

「但是導師在聯絡簿上斬釘截鐵地這麼寫。是不是小翔在學校有些狀況，我們並不太清楚？」小翔媽說。

「所以呢？導師要我們做什麼？」小翔爸著急地問。

「他也沒有明說，只是提到小翔上數學課時，總是和同學交頭接耳地聊天，上課也沒在聽，提醒了幾次都沒用。還有每回下課，小翔只要和同學玩鬼抓人、紅綠燈這類遊戲，回到教室後，心就很難收回來，分心問題也更明顯。」小翔媽語氣很無奈。

「這樣就認為他的專注力有問題？哪個男孩小時候不是這樣，就玩瘋了啊！」

小翔爸感到不以為然。「我看他回家寫功課都還好啊！也不像人家說的小孩會拖拖拉拉到三更半夜。更何況，家裡這麼吵也沒聽他在抱怨。而且他各科成績都在九十分上下，表現也不錯，老師怎麼會認為他專注力有問題呢？」

「唉！一句專注力有問題，看似是好意告訴我們，但我怎麼覺得好像什麼都沒有說？反而像拋了一顆煙霧彈，我是有被爆破的聲音嚇到，但心裡卻覺得迷霧更多，更疑惑。」小翔媽面有難色。「我剛剛上網Google了一下關於注意力的資料，發現還真複雜。掐指一算，一、二、三、四、五，單單注意力就有五種表現，什麼集中性注意力、選擇性注意力、持續性注意力、轉換性注意力和分散性注意力。唉！太專業了，看完後對於專注力更是一頭霧水。原本我還以為，專注力不就是那一回事。」

「哪回事？」小翔爸好奇地問。

「哎喲，你幹嘛考我啦！被導師說得心都煩了，你還問我，也不幫忙釐清問題。我在想，或許每個孩子的注意力表現不盡相同。而且注意力的種類分這麼多，導師看到的，跟我們認為的，指的不知道是不是同一種注意力。但無論如何，既然導師好意告訴我們，或許也是我們該做做功課的時候了。」小翔媽若有所思地說。

提升專注力概念的祕訣指南

祕訣001

認識集中性注意力

集中性注意力（focused attention）：在清醒的情況下，進行任何活動都需要集中性注意力，這是最基本款的注意力之一。

以照相為例，好比拿起Canon或Nikon相機，讓眼睛貼近視窗，鏡頭聚焦在眼前要拍攝的人事物，按下快門（拍出淺景深的效果最好，讓主角明確，背景模糊）。若用許願池來形容，即是許完願後，將握在手中的銅板順勢往池裡一丟（當然得丟準，願望才容易實現）。或者想像在天空盤旋、展翅翱翔的老鷹，如何瞄準及鎖定眼前的獵物。

想想看，除了以上照相、許願池與老鷹獵食的例子之外，你和孩子心中浮現的集中性注意力有哪些。

祕訣002

了解選擇性注意力

選擇性注意力（selective attention）：指的是孩子當下能否將注意力集中在該進行的活動，而不受其他外在不相關刺激所影響。

例如，孩子正在書房裡寫功課。同一時間，客廳的電視傳來海綿寶寶、派大星、蟹老闆及章魚哥的對話，或媽媽在身旁來回走動，弟弟妹妹在一旁玩耍，爸爸的iPhone手機鈴聲響，窗外摩托車奔馳而過的引擎聲等。這時，請觀察孩子，是否仍然能將注意力集中在「寫功課」這件事情上。如果可以，就是表現出了好的選擇性注意力。

祕訣003

明白持續性注意力

持續性注意力（sustained attention）：就像汽車的電瓶一樣。你可以留意對於

正在進行的活動，孩子的注意力是否能維持一段合理的時間。

例如，孩子專心於眼前的畫布，持續將風景油畫彩繪完成。或者他能順利完成梵谷畫作《星空下的咖啡屋》的五百片拼圖。

祕訣 004

理解轉換性注意力

轉換性注意力（alternating attention）：指的是孩子是否能順利地從一項活動轉移至另一項活動，而仍然可以維持該有的注意力表現。

例如，當孩子做功課到一個段落，要求玩線上遊戲十分鐘後，接著請仔細留意，他的注意力是否能順利回到功課上。這就好比在學校，孩子下課時到操場玩一玩，回到班上後是否能繼續專注地上課。

祕訣 005

清楚分散性注意力

分散性注意力（divided attention）：指的是孩子能否在同一時間，進行兩件或以上的事。像是在教室裡一邊聽老師上課，一邊做筆記，或在家裡一邊吃飯，一邊看電視。

如果孩子的集中性注意力表現不佳，要進行相對複雜的分散性注意力將更困難（謎之音：一件事情都做不好，就別想同時做好兩件事）。

問題二
怎麼跟孩子解釋專注力？

「永智！我跟你講了多少遍，叫你寫字專心一點，你怎麼還是聽不懂？你這小子，功課不寫，還在給我玩遊戲王卡。馬上把這些亂七八糟的卡片收起來，聽到了沒？」

永智媽雙手扠腰，鼓脹著臉頰，雙眼怒視著兒子。

「媽媽，等一下啦！我在找我的惡魔族怪獸卡啦！」永智左手拿著一疊遊戲卡，皺著眉，東張西望地尋找不知掉落在何方的惡魔族怪獸卡。而桌面上，散落著一張一張不同圖案的遊戲王卡片，似乎在彼此較勁著。原先該寫的國語評量早就被這些卡片淹沒，覆蓋到快失去蹤跡。

「永智，我再說一次喔，你現在應該要幹什麼？聽好，馬上把卡片收起來，你到底有沒有聽到！不認真寫字，老是玩些有的沒的，書都不給我好好念。你再不給我專心念書、寫功課的話，就交給安親班來管，省得我心煩。」永智媽語帶威脅地說。

「媽，什麼是專心？」永智摸著頭，一臉困惑地問。「從幼兒園的時候，你就一直跟我說要專心、要專心。但是，到底什麼叫專心？」

突然被孩子問到這個似乎再熟悉不過的用詞，一時之間，媽媽卻有種被KO的感覺。

「嗯，專心就是……」媽媽羞紅著臉，絞盡腦汁苦思著：「這孩子竟然讓我難堪。嗯，專心就是……」突然，靈光一閃。「你也真是的，專心就是注意啊！」

永智聽了，摸摸後腦勺，還是感到不解。「媽媽，那什麼叫做注意？」

這回媽媽反應快了。「嗯，注意就是要認真啊！」

永智又繼續問：「那什麼叫做認真？」

「嗯，認真就是要專心啊！」媽媽說。

這如同鬼打牆般的回答，等於什麼都沒說。雖然媽媽對於自己的回答沾沾自喜，但是永智仍然搞不清楚，媽媽這些年來要求他「要專心、要注意、要認真」，到底指的是什麼？他還是不知道自己該怎麼做。

提升專注力概念的祕訣指南

祕訣006　「戲」說專注力
祕訣007　換孩子舉例
祕訣008　錄下專心的模樣
祕訣009　錄製精華片段

祕訣006

「戲」說專注力

期待孩子的專注力有所改變，那麼，就優先讓他了解專注力到底是怎麼一回事吧（謎之音：說真的，爸媽更需要知道才對）！很多事若不深入去思考，則大多只是懵懵懂懂、隱隱約約地知道，但又常常一知半解。面對專注力也是一樣。

專注力，其實是很生活化的一種經驗與能力。**先從孩子最喜歡、最熟悉、最切身的遊戲，來讓他了解專注力究竟是怎麼一回事。**

例如，可以這麼對孩子解釋：

「所謂的專注，就像你常要求媽媽帶你去夜市撈魚，你不是拿著魚網對準水裡的魚追來追去，想辦法把魚撈起來嗎？當下，你眼睛的追視就是一種專注。」

「還有，你不是很愛套圈圈嗎？想想看，你套圈圈時，眼睛是不是瞄準著前方的物品或公仔？那時，你的瞄準也是一種專注。」

這兩個例子，向孩子簡單說明了集中性注意力。

請動腦想想，還可以舉出什麼樣的例子，讓孩子了解專注力。多多益善喲！

祕訣007

換孩子舉例

例子、例子、例子，不見得需要糖炒栗子，但孩子需要你的例子。有了你的分享與示範，接下來，請讓孩子自己舉例，說明他心中的專注力。相信孩子，他有能力依此類推，舉一反三，慢慢說出自己心中對於專注力的解釋。

專注力的舉例，愈生活化愈好，愈貼近孩子自己的經驗愈好。**讓孩子用他的方式說，只要他願意開口講，例子說多了，腦海中對於專注力的基本概念就會慢慢浮現。**

「我玩憤怒鳥時，都會在對準偷蛋豬之後，才放手發射出去。像這樣對準偷蛋豬是不是也是一種專注？」

「每次我玩遊戲王卡時，都會仔細看上面的攻擊力幾分、防禦力幾分，並決定要打出哪張卡，這是不是也是一種專注？」

不管例子好不好，只要孩子願意先開口說就好。

祕訣008

錄下專心的模樣

專心是什麼模樣？試著拿起手機，轉至錄影模式，將孩子專心的模樣錄下來，再反覆播放給他看。

例如，錄下孩子埋首一題一題地讀著數學應用題、動筆計算並再次驗算的模樣。或錄下他拿起畫筆，盡情地塗鴉與彩繪眼前的畫紙。或是錄下孩子閱讀著繪本《我不敢說，我怕被罵》的專心模樣。

有畫面，專注就容易再浮現。重點是，你開始錄了嗎？

祕訣009

錄製精華片段

重質不重量，錄製的時間不需要太長。重要的是，把專注的精華錄下來，或許僅僅是二十秒或三十秒的畫面。**錄製的時間短，相對來說，錄下專注畫面的成功機率也較高。**

由於可以重複播放，專心的模樣就容易深深烙印在孩子的腦海裡。例如，將錄下的二十秒畫面重複播放十次，那麼就等同於有二百秒的畫面。

多多錄製、萃取孩子專心的精華影像。什麼是專心？什麼是注意？什麼是認真？答案就要呼之欲出囉！

問題三
為什麼孩子的專注力表現有時好，有時壞？

眼前，鉛筆斷了好幾枝，該削的鉛筆一枝也未削。悅悅很仔細地把斷掉的筆心一根一根拿起來，放在桌上的小凹槽裡，染黑的手指則乾脆直接擦在自己的藍色裙子上。

數學課本仍停留在第五十六與五十七頁之間。當然，這不是明天的考試範圍。

悅悅從書架上拿出「The Orb Factory魔力球工廠」的磁鐵馬賽克拼貼，對於盒內散亂成一團、卻又五彩繽紛的拼貼小碎片，仔細地一片、片進行確認。嗯，可以看見即將完成的雛型了，悅悅滿意地微笑著。

但是，明天要考數學。

當然，並不是悅悅已經準備妥當，很有把握了，而是她實在提不起勁把數學課本翻到考試範圍的那幾頁，拿出紙、筆，好好復習，用心計算。

要說悅悅的數學程度不好嗎？倒也不是。要說她對於數學興趣不大嗎？又不至於到討厭的地步。但可以確定的是，彈奏烏克麗麗是她的最愛。在爸爸帶烏克麗麗回來後，不到一星期的時間，她已經可以學著陳柏霖彈起那首〈我不會喜歡你〉。

但是，明天要考數學。

悅悅索性整理起書包，把橡皮擦屑抖在地上，坐在書桌前，沒事似地左顧右盼。

但是，明天要考數學。

「專心一點！」班上的數學老師常常這麼說。

「不要分心！」媽媽也常常這麼提醒。只是現在她正在廚房裡面忙，所以還沒有時間過來講這句話。

悅悅也不怎麼清楚自己的注意力，只是常常聽大人念。念著、念著、念著，好像也煞有其事地認為自己很容易分心，至少對於數學似乎是如此。但怎麼個分心法？為何分心？說真的，她自己也搞不清楚狀況。

但是，明天要考數學。

悅悅順利地把最後一塊磁鐵馬賽克拼貼就定位。

提升專注力概念的祕訣指南

祕訣010

開啟自我覺察

許多事，一旦啟動了「自我覺察」這道開關，就會有一個好的開始，當然，專注力也不例外。

你可能抱怨著：「我不知道跟孩子說過多少次不要再分心了，但哪裡有用？他自己怎麼可能不知道問題在哪裡？」

沒錯，你跟孩子說了，而且說了好多遍，但有意思的是，要嘛你說的，孩子統統不買單，想著：「分心，那是你說的。」再不然，他照單全收地想：「反正我就是這麼容易分心。」別輕忽「反正」這兩個字，它是很可怕的，很容易讓人不作為，認為「反正就是這樣」。

但我們希望的是**引導孩子透過自我覺察，了解自己的專注力狀況**。如同三不五時翻翻零錢筒或存款簿，數一數現在的可用餘額還剩多少，了解自己的專心和分心狀況。不管再怎麼樣，也要讓孩子知道，自己一定有專注的那一刻。

握拳，相信自己的專注存款裡有錢！

祕訣 011

列出專心的事

孩子是如何分心呢？我知道親子彼此都可以說很多，但是這一步先暫緩一下。**先讓孩子試著給自己一些肯定，讓他想想自己曾經有的專心事，一項一項地條列寫下來。**多多益善，專心存款愈多愈好。

例如，「一、和媽媽說話時，我的眼睛都有看著她。二、我可以在十秒鐘以內，把書包裡的聯絡簿拿出來。三、我可以在二十分鐘內，完成磁鐵馬賽克拼貼。四、睡覺前，我都會把書桌清乾淨。五、我可以很專心地用烏克麗麗好好彈奏一首歌。」

祕訣 012

製作專心存款簿

讓孩子把這些專心的事一點一點寫下來，同時收集成一本小本子，就像學校裡常有的閱讀小學士、閱讀小碩士、閱讀小博士。這一本簿子，將成為孩子的「專心存款簿」。翻著、翻著，孩子可以知道自己的專注有多富有，而且都是自己努力換來的。記得，**內容明細愈具體愈好**。孩子需要在專注力上好好理財，理個專心財。

祕訣 013

小心透支

一起和孩子想想，容易讓自己專心透支、出現分心紅字的，通常會是什麼樣的情況？

例如，桌面雜物太凌亂，窗簾總是未拉上，客廳的電視聲音太大，爸媽經常在一旁玩iPhone、講手機，沒睡飽，或老是認為自己做不到（比如覺得自己就是不會數學）等。

每個孩子的「分心紅字」出現的原因，都不盡相同。試著讓孩子了解自己的專心收支狀況（專心表現），未來要學習如何做好專心管理，才會比較有效率。

問題四 孩子對於專注沒自信，怎麼辦？

「反正我怎麼努力都沒用，考來考去還不都是那個分數。」品佑嘆著氣。

「你認真一點不就行了。」小傑勸說。

「哪有那麼簡單？你不知道我的注意力有多差！只差沒去看醫生、吃藥了。」

「你是說像胖達一樣，每天吃那個圓圓的一小顆白色藥丸？」小傑問。

「哎喲，差不多啦！」品佑左手托著腮，右手隨意翻著講義。

「品佑，你也別這麼消極嘛！說真的，你連醫院都沒去過，怎麼知道自己的注意力有問題？更何況，我看你打怪倒挺認真的。」小傑笑著說。

「拜託，你別再挖苦我了好不好？上網打怪哪能算啊！唉，我有自知之明啦！你不知道我一天要被念多少次，一下子這個不專心，一下子那個不認真。別說我爸媽了，在班上，哪個老師不這麼說？」品佑有氣無力地把講義闔上，「所以，再看書也只是浪費時間，倒不如現在去外面晃晃。」
「品佑，別這樣嘛，看多少算多少，不懂的再問我，我罩你啦！」小傑鼓勵他。
「感謝啦！我就不浪費你寶貴的時間了。但是能認識你這講義氣的哥兒們，算我有福氣。或許哪天我鼻子摸摸，認命了，就叫爸媽帶我去醫院。吞一顆那種神奇的藥，說不定還真的變開竅呢！」品佑無奈地說著。
「拜託，什麼藥不藥，你和胖達的狀況差那麼多，別把自己低估成那樣。忍耐一下，明後兩天期末考就過了。」
「不是我低估自己，是我本來就容易分心。更何況，被說專注力有問題也不是這一、兩天的事了。好啦！真的感謝你，我先離開，不聊了，免得影響你看書。」
品佑把講義隨手塞入書包裡，腳步沉甸甸地，有些落寞地往閱覽室外面走去。

提升專注力概念的祕訣指南

祕訣014　告訴自己：「專心，我可以。」

祕訣015　轉換新想法

祕訣016 體會熟能生巧的低耗能
祕訣017 發現熱情的泉源
祕訣018 激發快樂多巴胺
祕訣019 在「渾然忘我」之外……

祕訣014 告訴自己：「專心，我可以。」

內在的自我對話，是很神奇的一件事。試著讓孩子練習告訴自己：「專心，我可以。練習，我願意。」同時，轉變看待自己專注力的方式，例如**以正向的「我試著讓自己專心」，取代較為負面的「我不能再分心了」，肯定自己在專注力上的努力。**

別吝嗇，給孩子加加油、打打氣，讓孩子看見自己的專注力成功地浮現。

祕訣015 轉換新想法

因為演講的關係，我經常在全台各地移動。住宜蘭的我，常常會告訴自己：「台中以南是遠足，桃竹苗是郊遊，北北基宜蘭是踏青。」想著想著、說著說著，神奇的事就容易發生。我常常把工作當成是一種玩（play），因為玩，所以不會感到累；不累，就容易玩得很專心，玩得很有效率。

如果孩子對於讀書、寫字常常心存厭惡，覺得是一種負擔，往往看著、寫著，心裡就容易暗示自己累了。一起和孩子調整一下對於這些事情的想法，**試著從正面想想：專心像什麼？讀書像什麼？寫字像什麼？能聯想到讓自己心情愉快的內容都可以。**

我一直相信：「想法是可以改變的，而且正向的想法也會改變一些事。」請和孩子一起找到屬於自己的答案，練習以積極的態度因應。並且提醒自己，抱怨，對於改變專注力是沒有任何作用的。

祕訣 016

體會熟能生巧的低耗能

一起為孩子找到他擅長的事吧！讓他感受一下，「熟能生巧」所帶來的注意力低耗能。孩子需要能擁有並感受這種低耗能而產生的輕鬆感、成就感及有能力感。試著先讓他從自己優勢與厲害的方面，開始體會這些踏實的感覺吧！

別忘了提醒自己，**專注力練習，要從孩子的「優勢力」鳴槍起跑，請勿一開始就把孩子投入他最苦惱的教科書漩渦裡。**

祕訣 017

發現熱情的泉源

當孩子投入在自己感興趣的事物上，你會發現，他的熱情泉源就在這裡。而這分熱情，往往也將讓他的專注力持續燃起。

除了電腦、電視、iPhone、iPad、Wii、Xbox、Game Boy等「外控」的聲光刺激之外，想想：孩子的興趣在哪裡？**讓他從興趣裡，覺察到自己的專注力有多強勁、有多威猛！**嗯，突然令人想要唱起來：「我的熱情／好像一把火／燃燒著整個沙漠……」

秘訣018

激發快樂多巴胺

當孩子做自己喜歡的事情時，腦中所分泌的多巴胺，便能為他帶來快樂的好心情。**心情好，是維持孩子專注力的良藥之一。**一起和孩子找出能讓自己的「多巴胺」多多益善的活動吧！從這裡，好好認識孩子的專注力究竟是怎麼一回事。

秘訣019

在「渾然忘我」之外……

專注到渾然忘我，到底是不是一件好事？這就要看孩子當下的「選擇性注意力」如何發揮。以花豹為例，當牠專注於眼前的獵物，一步一步趨前時，仍然需要謹慎、敏銳地觀察周遭是否有具威脅性的刺激出現，例如獵人或其他更凶猛的動物。

因此，**當孩子積極投入並專注於眼前的活動或興趣時，依然需要維持適當的選擇性注意力，忽略不相關的刺激，但仍隨時準備對關鍵、重要的事物做反應。**

這當然也是生存的最基本法則，不只花豹，也包括孩子。

第二章

專注力與書寫能力

讓書寫更專心

如果票選「破壞親子關係的一大殺手」，寫作業這件事，或許理所當然地可以入圍（入圍即是得獎）。若論戲劇張力，寫作業這齣戲自不在話下，配角（爸媽）往往演得像是主角（孩子），投注的時間、心力（有時還有金錢）總讓配角的情緒浮動，巴不得自己跳下去演，跳下去寫。

於是，配角老是越界，干涉這個、打斷那個，總是忘了動筆在寫的終究還是男、女主角，而且還是童星呢！

或許爸媽會抗議：「什麼配角？我還導演咧！」沒錯，說是導演也行（雖然幕後編劇是老師），面對演起戲來（寫作業）像失了魂魄、沒勁、懶散、意興闌珊又愛寫不寫的孩子，導演總會著急地想：「拍一部戲，怎麼拖那麼久？」

主角也說話了：「還不都是你老愛喊卡！」哇！這回卻怪起導演來了？「規矩一大堆，一下子怪我寫錯字，一下子嫌字醜，一下子又批評我寫得歪七扭八，啊不然你來寫？」說得好像爸媽沒有什麼同理心，但導演的心情，又有誰了解？

寫作業這齣長壽連續劇，有些孩子演得精采無比（但要說能夠樂在其中的應該不多）；然而，也總有些孩子明明已經很賣力了，卻仍演得不盡理想，票房也不見得好。

既然上了戲，每個演員多少會期待自已能演齣好戲。不過，無論主角或配角，在磨練演技（訓練專注力）的同時，都千萬別傷了和氣。

問題五
孩子寫作業拖拖拉拉的，怎麼辦？

杉風用手摀著張大的嘴巴，連續打了好幾個呵欠。望著眼前的英文課本，書上的單字像是會漂浮一般，時而清楚聚焦，時而疊影交錯。

「好累喔，我快不行了。」杉風乾脆直接趴在英文課本上，沒多久便打起呼來，睡著了。他睡得很沉，嘴角的口水還沾溼了英文課本的邊緣。

一回到家，馬上往書桌前一坐，這可說是杉風家的家規。除非自己很快把該寫的字寫完，把該念的書讀完，否則不能夠離開書桌前。

「戲台下，坐久了就是你的。」這是杉風媽老愛掛在嘴邊的話。只是她有些誤解了意思，以為只要孩子坐在書桌前久一點，該有的專心就會回來。但事實似乎不是如此。

杉風算是聽話的孩子，只是這回他真的累了。雖然明天有數學小考，但他的生理時鐘已經不時在詢問：「你累了嗎？」看得出來，這回他真的是電池耗盡了。

「媽媽，放學以後，可不可以讓我先去中庭玩一玩啦？每次一回來就要待在書房看書、寫功課，很累耶！」杉風偶爾會向媽媽抱怨。

只是，他抱怨歸抱怨，媽媽就是不買單。「玩一玩？你沒看你每次寫功課都要寫多久。還玩？把該做的事做完再說。」

「可是，為什麼不能晚一點再看、再寫？」這已經是杉風對媽媽最大程度的頂嘴了。嗯，說是頂嘴，倒不如說是表達自己的立場。但是在家裡，媽媽說了算，這一點連爸爸都不能夠太有意見。

「媽媽，那我寫完功課以後，能不能看一小段《冰原歷險記》ＤＶＤ？」有時，杉風會提出這小小的要求。只是，媽媽總會立場堅定地回他一句：「寫完再說。沒寫完，什麼都不用跟我講。」

說真的，一回家馬上要開工讀書、寫作業，對杉風來說，在體力和精神上本來就是一件苦差事。加上連寫完功課之後，對於「紅蘿蔔」的期待都不可得時，他看書、寫字的「動機」就更加耗弱了。沒勁，這是杉風最深刻的感覺。

書桌前，趴睡的杉風繼續在打呼。他睡得很沉、很沉。

讓書寫更專心的祕訣指南

- 祕訣020　寫，就對了
- 祕訣021　火腿策略，一片一片享用
- 祕訣022　書寫像打怪
- 祕訣023　好康在後頭
- 祕訣024　醞釀爆發力
- 祕訣025　對於「持續」的迷思
- 祕訣026　漸進式加碼
- 祕訣027　劃定書寫的特定區

祕訣
020

寫，就對了

把筆拿起來——這一個小小的動作，卻需要大大的動力。

拖延，空轉，發呆——面對寫字，孩子總是有千百個不願動筆的理由。

鼓勵孩子把筆拿起來吧，讓他知道，「寫」，就對了。**或許初期只有三分鐘熱度，注意力的持續性短暫，但總是比完全沒有動靜來得好一些。**

你的筆，拿起來了嗎？

秘訣 021

火腿策略，一片一片享用

我想，你應該不會選擇直接把整條火腿拿起來啃吧？除非孩子的咀嚼能力好、食量大、胃口佳、消化吸收良好，不然，為了避免噎到，請拿起刀子，將火腿一片一片切下。細細品嘗總是美味，重要的是，一片一片的，讓自己不會反胃。

寫功課這件事，也和切火腿一樣。

轉個彎，**試著讓孩子的作業分段、分批來寫，先完成一部分，甚至於只是小小的部分也可以。**

對孩子寫作業的專注力與動機來說，這是一種「我也可以做到」的成就感，有很大的加持力量。

祕訣 022

書寫像打怪

討厭寫功課？那麼，不如教孩子把這件事當成「打怪」來進行吧！

面對眼前不甚討喜的國語、數學和英文三怪，**引導孩子發揮想像力，拿起筆，就像手持一把利劍，自己則有如王子般開始斬妖除魔**。可以一次擺平三怪，或是一個一個消滅。既然寫字如同打怪，那就燃起打怪的鬥志吧！鏘鏘鏘鏘，看你有多厲害。

不要小看想像的威力喲！

祕訣 023

好康在後頭

當孩子面對眼前枯燥乏味的作業，覺得食之無味又棄之可惜時，給孩子一點點獎賞、甜頭或誘因，就像兔子遇見紅蘿蔔，往往有助於激發他加速完成的動力。

不妨讓孩子想想，寫完作業後，他會以什麼事情來犒賞自己。例如：

「把回家作業寫完以後，我就可以出去騎腳踏車了。」

「等作業寫完了，好想來喝一瓶養樂多。」

「堅持一下，把該做的事做完，我就可以好好地看《冰原歷險記》了！」

祕訣 024

醞釀爆發力

有些孩子在書寫功課上，適合採取「分段」的策略。有的孩子，則傾向於「一次爆發」：把要進行的事先在腦海中醞釀，蓄積書寫的能量，隨後選一個良辰吉時，在自己認為最佳的狀態下，一次爆發寫完（請不要告訴我農民曆說今日諸事不宜）。**但在產生爆發力之前，一定要先確認，孩子的「自制力」已經能夠維持一定的水準，至少鮮有拖延的前例可循。**

讓我們一起來協助孩子，爆發寫作業的小宇宙吧！

祕訣 025

對於「持續」的迷思

請提醒自己，專注力表現所強調的是「效率」，也就是對於所要完成的事情能維持應有的水準，並且在既定的期限以前完成。畢竟，要維持長時間的專注力，是很耗費心力的一件事。

所以，請勿陷入「每次一定要維持多久的專注時間才好」的迷思。**過於限定一次必須專注多久，有時反而容易讓孩子感到過度壓力**，得不償失，除非你有把握孩子專注力電池的蓄電力超強。

祕訣 026

漸進式加碼

對於大部分的孩子來說，寫功課總是耗心費力、不惹人愛的一件事。也因此，在孩子一開始寫作業時，能夠持續的時間或許短了一些，但是請給他機會，慢慢來。想要提升注意力的持續性，有時候需要先熱機一下，再逐漸添加燃料。

不妨從一次十分鐘開始，逐漸延長每一回專注寫功課的時間，例如十五分鐘、二十分鐘，甚至於三十分鐘或連續一個小時。

讓孩子看見自己在專注的時間上，慢慢累積的成果。

祕訣 027

劃定書寫的特定區

孩子寫作業時，是否像遊牧民族一般，在家裡四處飄蕩？除非你的孩子是例外，邊遊蕩邊寫作業的效果很好，否則建議你，把寫字劃入特定的區域內。

讓孩子在同一個空間裡，進行相同的事。例如，寫作業盡量在書房，避免像以前時而客廳，時而臥室，時而書房。

讓孩子在同一個地方寫作業，可以幫助他馬上進入狀況。

問題六
孩子常寫錯字、字很醜、寫得歪七扭八，怎麼辦？

「阿楷，你在鬼畫符是不是？都五年級了，字還寫成這樣，統統給我擦掉重寫！」楷媽用力把橡皮擦往桌上一扔，一不小心，彈跳到桌子底下，阿楷看見噗哧笑了出來。

「笑什麼笑？給我撿起來。聽到沒，全部擦掉重寫！」楷媽板起臉孔，比楷爸看起來還威武。阿楷瞬時收拾起剛才的笑容，彎腰撿起橡皮擦，也隨手將掉在桌子底下，找了老半天都找不到的半顆扭蛋拿了起來。

「你還在給我東摸西摸？扭蛋拿過來！搞什麼鬼，寫個字老是要折騰大半天。」楷媽總是認為，對於寫作業這件事應該採取高規格的強硬對待，否則注意力老是不集中的阿楷馬上會在夾縫中求生存，又自顧自地玩了起來。

「幹嘛一直要重寫？煩死了。又不是你在寫，老師也沒有說字多醜啊。老是愛念，不然就自己來寫啊！」阿楷小聲地嘀咕著，就怕在一旁忙著的媽媽聽見。

其實，原本阿楷是不排斥寫作業的，雖然他常常都比其他同學寫得久。然而，一遍又一遍地重寫，這件事令他感到很厭惡。

阿楷承認自己愛邊寫邊玩，有時一玩下去，隨後就忘了再繼續寫。也是因為這樣，媽媽決定自己坐鎮，盯起他的作業來。

「我可告訴你，阿楷，媽媽以前在公司當祕書的時候，字寫得多麼工整，一筆一畫，清清楚楚。哪像你現在，寫個字龍飛鳳舞的，亂得像什麼樣。我不管你的老師要不要求，別忘了，我是你老媽，你可是我一輩子的兒子。字給我寫好看一點，聽到沒？」

迫於無奈，阿楷拿起橡皮擦在作業本上擦了又擦。只是因不斷擦拭而變皺、顯得過薄的紙，讓他在寫字的過程中一肚子火，特別是不小心把作業紙寫破時。

每回寫作業都耗了這麼久，單單在作業上花掉的時間，就讓阿楷其他事情都不用做了，看似堅定不移的楷媽，其實也快招架不住。

「如果導師對他的字不是那麼介意，那我幹嘛這麼執著呢？」

說真的，楷媽也矛盾了。只不過，一想到導師頂多帶孩子兩年，自己和阿楷的關係卻是一輩子，楷媽又覺得該要求就必須要求。放手，門都沒有！

讓書寫更專心的祕訣指南

祕訣
028

告別橡皮擦殺手

請回想一下，當你坐在孩子身旁陪寫功課時，你手上拿的東西可能是什麼？

喔！藤條？當然不要。橡皮擦？最好也少碰為妙。

書寫，總是需要一點感覺、一把勁，尤其是當孩子好不容易鼓起書寫的動力，開始一筆一畫、一字一句落在作業本上時，聰明的你，請不要打斷他寫字的氣氛。

特別是，**請勿直接拿起橡皮擦，要求孩子當下進行塗塗改改的動作。**

當然，你可能覺得「有錯就要馬上改，這樣才印象深刻，下次不會再犯錯」。但很抱歉，常常事與願違。**你的打斷，反而往往壞了孩子專注力的持續性。**

請放下橡皮擦，揮別孩子的專注力殺手。

祕訣 029

字的公聽會

字到底該寫得怎樣？或許該開個公聽會，小孩、父母和老師一起坐下來討論。

文字是一種溝通。**只要字體能夠清楚辨識，沒有多一撇、少一畫、寫錯字，或者大到格子住不下、小到無法辨識，否則字美不美，往往是一種主觀的認定。**

如果常因為覺得孩子字寫得不美，而要求他反覆修改，這可會壞了他寫字的興致。當然，注意力的持續性也跟著遭殃。

祕訣 030

我很醜，可是我很溫柔

如果你實在無法接受孩子寫出來的字很醜，也許**要進一步考量，孩子的精細動**

作、握筆姿勢或力道的控制等，是否有困難。字醜而無法達到你對美的標準，不全然是孩子分心的錯。唯有澄清問題，解決問題，才能幫助孩子在書寫之路上一勞永逸。

祕訣031

請看見我的美

不管字再怎麼醜，在字裡行間，多少總能發現孩子所寫下來的，相對美麗的字眼。**請讓孩子看見他的好與字的美，以這相對「美」的字為範本，幫助孩子以此為參考，練習和自己做比較**。如此一來，將有助於鼓勵他接下來的動筆也美好。

祕訣032

抓對塗改的時間點

先讓孩子寫完再說吧！讓他感受一下注意力持續的完成感。就算要塗、要改，也多少先讓孩子享受一下完成後的紓解。

休息一下，緩衝一下，也是符合人性的考量。別忘了，動筆寫字的是孩子。

祕訣033

啟動除錯機制

要除錯，請先放手讓孩子練習自己動手檢查。有些經驗，是由不斷的練習而來。而發現自己寫錯字、誤解了題意或計算錯誤，也需要孩子自己來體驗。

比起老是被別人指出錯誤，自己發現錯誤，對心情的衝擊多少緩和些（謎之音：但請留意孩子是否以史上最快的速度掃描，隨後脫口回答「檢查好了」來敷衍你）。

祕訣 034

嘮叨勿進

當孩子做錯事時，大人總覺得應該在第一時間跟他講，而且要講得很仔細，這樣他才會知錯能改。但有時候真的事與願違，想要孩子從被罵之中改變，結果變的往往是他的自信心更低落，自我肯定更加不足。

板起臉孔，伸出手指，數落著「這裡錯、那裡錯」的糾正，對於專注力的持續不見得是好事。

祕訣 035

貼心地提醒

一旦你注意到，孩子總是無法發現自己犯的錯，這才是你開始要為他點出錯誤的時機。你可以輕輕在題目前打個勾，或圈選起來，有時也可以使用便利貼，貼在一旁提醒，只要是彼此事先溝通好的任何模式都可以。

事先問問孩子，對於錯誤或需糾正的部分，他希望你怎麼做。

問題七
孩子老是意興闌珊，作業愛寫不寫的，怎麼辦？

「曉東，你看看現在幾點了？推、拖、拉的一張數學評量寫這麼久，而且錯誤一大堆，你的心思到底有沒有放在這上面？再這麼耗下去，我看你今天晚上根本就別想睡了。」曉東媽說。

曉東打了一個好大的呵欠，看起來神情顯得十分疲憊。

「ㄟ，你也幫幫忙，才說別想睡了，你竟然給我打呵欠。認真一點啦！有沒有聽到？」媽媽話才說完，順手便從曉東的後腦勺巴了下去，隨後就到後陽台去曬衣服了。

這一揮，雖然讓曉東唉了一聲，但可以確定的是，並沒有將他寫作業的動機給打醒。他繼續趴在桌上，拿著鉛筆像在點兵一樣，無力地在評量上敲著。

「你是要我坐在旁邊拿著衣架子監督，你才會動是不是？」媽媽曬完衣服又繞回書房，看到眼前一副無精打采、虛脫無力的曉東，一股不耐又浮上心頭。

說真的，媽媽是否坐在一旁，對於曉東寫作業的幫助十分有限。而且，今晚並不是這齣戲第一次上演，已經連續好多個月都是類似的劇情了。

其實，曉東媽的不耐也蘊藏著焦慮與煩惱，因為單單完成回家作業這一件事，導師不知道已經和媽媽溝通過多少遍了，特別是他常強調「轄區要分清楚」，意思也在告訴媽媽，孩子在學校的表現由老師負責，但規定的回家作業就應該換父母來承擔責任。

「曉東媽，這說不過去吧！聯絡簿不都是你在簽名嗎？他的作業為什麼老是漏掉或錯誤一堆呢？」媽媽很怕導師老是提這一句，因為這句話的背後其實也在暗示：你這個做媽媽的，到底有沒有在負責任？

「但孩子寫作業這樣意興闌珊的，我又能怎麼辦？」曉東媽心想。

讓書寫更專心的祕訣指南

祕訣036

陪伴，讓我懂

發現孩子的作業真的錯太多時，**先確認他是否理解，比歸咎他專注力不好來得更重要。**

如果孩子能力不到，就先教會他吧！否則在「不會」的情況下，只是白白耗費孩子的心力與時間。

秘訣037
獨立完成

若你選擇放手，讓孩子獨自動手寫，最好先確認作業內容是在他的能力範圍內，或至少難度不會高太多。

如果孩子能夠順利完成作業，那麼這回的專注力就是真正屬於他自己的，而非你在旁充電、提醒或督促。

秘訣038
別打持久戰

要是孩子在放學後花了好長的一段時間寫作業，但中間總是斷斷續續，有一餐、沒一頓的，重點是還寫不好、寫不完，導致其他的活動或事情就此擱置，這真的不是一件好事。

記得，別打持久戰，因為繼續打下去，只會消耗時間，讓孩子長期處於沒有效率的狀態。深陷在這種情況一久，耗損的模式就很容易固定。

但是不這麼做，又能怎麼辦？我想，該是回到大人對大人的溝通平台——進行親師溝通的時候了。

祕訣 039

讓動機止跌回升

當持久戰或消耗戰繼續下去，另一件令人擔心的事情是，孩子的學習動機恐怕會像溜滑梯一樣，就此下滑至平地。

滑下去很容易，但要走樓梯爬上來很困難。

為了讓學習動機「止跌回升」，這時，**應該要先澄清孩子是否有注意力上的生理缺陷（例如「注意力缺陷過動症」ＡＤＨＤ，或「注意力缺陷症」ＡＤＤ等問題）、基本認知概念不足，還是手眼協調、精細動作不佳等，導致書寫時間拖延過久。**

找出核心問題，才能切入改變。

祕訣 040

卡債協商

如果最後確認是專注力的問題，便是該進行卡債協商的時候了。

試著和老師溝通，依孩子的情況與特質，是否能在作業量上做適度的調整或減

量。如果孩子具備特殊教育學生的身分，可委請資源班老師代為居中協調。

祕訣041

變換字型

若孩子需要以電腦打字繳交作業或報告，並已有如細明體、新細明體或標楷體等慣用字體，當長時間進行文字輸入時，面對眼前螢幕的熟悉字型，有些孩子容易陷入視覺疲乏，注意力開始渙散，持續性隨即顯得短暫。

可以試著**教孩子透過變換字型，來轉換自己的心情，同時讓自己的專注力更持續。**無論是華康飾藝體、竹風體、秀風體、仿宋體、少女文或娃娃體，只要是對孩子有用、能夠催化他的專注力持續性的，都可以。

這一招，對於需要長時間利用打字完成文章的我來說，可是非常有幫助的喲！因為有些字型讓人感到輕鬆，有些則令人感到沉重，而透過不同的字型變換，在打字輸入的當下，對我而言，就像是一種輕鬆自在的情緒轉換。

祕訣042

正向的自我回饋

當孩子一開始面對眼前的作業或評量，覺得題目似乎太多了，而感到心灰意冷、寫不下去時，真的需要協助他穩住情緒，讓他給自己一股正向力量的加持。

別忘了，想法的力量是很大的。

引導孩子在面對這些作業或評量時，適時地回饋給自己（心中自我對話）「已經完成」，以及「只剩多少就要完成」的正向提示，這些提示會讓自己有一股想繼續完成的動力。

例如，面對十道數學題時，開始作答，當每題計算完畢後便在心中告訴自己：完成一題了、完成兩題了、完成三題了、完成四題了、完成五題了——嗯，果然有進展，像堆高塔一樣，一層一層地看見了大樓的模樣。

而當完成度已經越過中線時，接下來回饋給自己的方式改為：只剩四題了、只剩三題了、只剩兩題了、只剩一題了，最後完成囉！需要進行的任務逐步減少，心中多少會感到輕鬆一些。

我在學生時代繞著運動場進行長距離跑步時，這個方法常常派上用場，對於注意力持續性有很大的幫助。當然啦，除了專注，我也耐跑。

問題八 為什麼已經一對一了，孩子還是不專心？

媽媽板著臉，用食指敲了敲桌面。天恆回過神來，望了正前方的媽媽一眼，像犯了錯的孩子似的羞紅著臉，抓了抓後腦勺，隨後看似認真，快速地來回讀著評量上的題目。

寫著寫著，沒多久，他的目光又悄悄地飄向牆上那張醒目的《海賊王》大海報。只見他一下子對著魯夫微笑，一下子視線移向索隆，時而用手比比娜美，不一會兒又盯著喬巴發呆。

「你的眼睛在看哪裡？」這回，媽媽索性把手上的橡皮擦朝他的頭丟了過去。

「哎喲，媽媽你在幹嘛？很痛耶！」

「我在幹嘛？我才想問你到底在幹嘛！」媽媽雙手扠腰，帶著火氣反問。

「幹嘛丟我的頭，很無聊ㄟ。」天恆嘴裡嘀咕，繼續低頭寫著那一張看似永遠寫不完的評量。然而沒過多久，他就開始一下子把筆放在嘴裡或翻翻鉛筆盒，一下子探探窗外，接著玩起了書桌上那對「老皮和阿寶」的探險活寶公仔。

「你能不能給我專心一點！」媽媽逐漸失去耐性，重重地敲著桌面，拉大嗓門嚷著。她自認已經很努力在陪伴孩子寫功課了，但天恆的漫不經心，讓她感到既生氣又力不從心。

「你一張評量到底要寫多久？現在書房裡就只有我們兩個人，你都可以分心成這樣了，我實在無法想像教室裡那麼多人，你到底怎麼上課？難怪老師三不五時抱怨，甚至暗示要我帶你去醫院做評估！」

媽媽一方面對著兒子大吼，一方面內心卻百思不解：「不是已經一對一了嗎？這孩子的專注力怎麼還是差成這樣？」

每天放學後，她和孩子光花在寫作業、做評量這些事情上，就耗費了無數的時間，以及自己所謂的青春。「到底該如何是好？」媽媽困惑著。

讓書寫更專心的祕訣指南

祕訣043

排除選擇性配合

若孩子在一對一的情境下——特別是當下的環境相對很單純，但還是無法維持專注力時，你可能需要好好來澄清孩子的專注力狀況了。因為當孩子最基本款的「集中性注意力」出現了瑕疵，其他如選擇性注意力、持續性注意力、轉換性注意力及分散性注意力，就更難有好的表現。地基沒打好，是很難起高樓的。

在此，**請先排除孩子「選擇性配合」的態度問題。**

例如，有的孩子在爸爸面前，可以在一定的時間裡把作業完成，但在媽媽陪伴時卻反而不願意動筆寫，或故意拖延寫作業的時間，這裡的問題出在「非不能也，乃不為也」的選擇性配合狀況。

如果是這種情況，需要調整的重點不在於專注力，而是親子關係。

祕訣044

營造純淨的空間

為提升孩子最基本的集中性注意力，**請先試著營造出一個純淨的空間，讓視覺與聽覺刺激單純化，移除不必要的干擾源**，這對孩子脆弱的注意力來說，會是一種貼心、友善的對待。

如果在如此友善的空間裡，孩子的專注力仍然渙散，這時，你應該要再度啟動警覺性，留意孩子的專注力是否已明顯亮起紅燈，甚至於考慮是否該進一步尋求相關專業醫療的協助。

祕訣045

淡色系環繞

所處空間的色系，對於維持孩子的專注與情緒穩定，會產生一定的作用。**選擇純**

白或淡色系的空間環繞，色彩不需過於繽紛，多少可以讓分心的誘發因子少一些。

建議你，持續觀察孩子在淡色系空間裡的專注表現，以選定適合他，可以讓他的情緒趨於平靜與穩定的色系。

祕訣 046

傾聽孩子的意見

筆畢竟是握在孩子的手上，怎麼寫、願不願意寫，他自己多少有決定權（雖然也有孩子身不由己、力不從心，像ＡＤＨＤ或ＡＤＤ）。不過，孩子的專注力是否真會像沒了煞車系統的車子，只能一路往下坡暴衝？這一點則讓人有些保留，至少用腳踩地也能有些緩衝作用。

在環境的干擾控制上，或許你已經仁至義盡，沒什麼好挑剔了，更何況現在是處在「一對一」的最理想狀態，但孩子卻仍然無法專心寫作業——這時，該是拋出問題的時刻了。

問孩子：「我要怎麼做，你才會專心寫作業？」試著聽聽孩子的想法，傾聽他的意見，也許他會講出你意想不到的答案。

第三章

專注力與閱讀培養

讓閱讀更專心

孩子能夠好好看書——最好是教科書，這是許多爸媽的衷心期待。但在要求孩子「好好看書，除了臉書」之前，我們可能要先自問：「最近看了哪一本書？」

在真正進入閱讀模式之後，看書會是一項需要充分專注力的娛樂。雖然閱讀要成為一種消遣終究不大容易，但如果真能成為娛樂，爸媽們不知道會有多開心。無論如何，在此要強調，閱讀還是可以讓人很快樂的！

爸媽真的要小心，別壞了孩子對閱讀的胃口。當他的胃口差了，想著：「唉！爸媽老是強迫我吞下討厭的菜色。」心情壞了，抱怨：「爸媽，別再要我拿掉耳機啦！」專注力的引擎就很容易空轉，耗費燃料。

如果你發現孩子閱讀時，總是有跳行、漏字或抓不到重點之類的困擾，請你先給自己掌聲鼓勵，因為你已經細微地覺察到孩子在注意力上的異樣了。這比一句「還不給我專心念書」好太多了！至少，你知道了問題的癥結在哪裡。

當孩子就像這句台語一樣，「讀冊、讀冊，愈讀愈chheh」，對閱讀提不起勁時，千萬別再拿教科書潑他冷水了。想要有「勁」，樂趣最重要。而要維持「勁」，避免彈性疲乏，那麼交替轉換、維持腦袋新鮮度，是很關鍵的事。

希望孩子閱讀要專注、能持續，我們總得幫孩子做點事。

問題九 孩子閱讀常跳行、漏字、抓不到重點，怎麼辦？

「明坤，我一直很納悶你看書到底是怎麼看的，是搭普悠瑪還是台灣高鐵，速度這麼快？沒兩下就把一頁看完了。如果這麼厲害，為什麼考試還是一場糊塗，老是被老師糾正題目沒看清楚？」明坤媽媽問。

「哎喲！看書不就是那樣。」明坤的回答四兩撥千金。

「哪樣？」媽媽側著頭問。

「就那樣啊！」明坤顯得不耐，對於媽媽的疑問懶得回應，隨手把手上的班書《牧羊少年奇幻之旅》闔上。

「來，你念一段給我聽。我倒想聽聽看問題到底出在哪裡。」

「拜託，幹嘛念給你聽，反正讀書就讀書嘛，很囉唆耶！」明坤自己心裡有數，雖然看似讀完了一本書，但說真的，他還是不知道內容的重點在說什麼，有讀跟沒讀好像沒兩樣。

「所以我就說嘛，你心裡有鬼，一定沒認真在念，對不對？」媽媽似乎發現了明坤的心虛。

「反正你愛怎麼說就怎麼說，懶得理你啦！」對於老是被媽媽糾正閱讀的事，明坤是真的感到厭煩。他心想：「講這麼多有什麼用，還不是一樣？」

他知道，自己對閱讀的耐性真的沒那麼夠，有時一行讀過去，再認真看了一行之後，眼神似乎就會開始飄移。然而，關於跳行和漏字的問題，要是老師不提醒，他也搞不清楚自己到底跳了哪些行、漏了哪些字。

至於媽媽，她總覺得孩子對閱讀似乎漫不經心。直覺上，她有些懷疑明坤是不是在專注力上出了些問題，特別是孩子升上五年級後，成績表現每況愈下，讓她著急得不知該怎麼辦。

明坤爸總是說：「要是再不認真，就罵他兩句、拿愛的小手嚇嚇他，應該會好很多。」唯有這一點，明坤媽倒是確定一點作用也沒有。

讓閱讀更專心的祕訣指南

祕訣047

繪本朗讀

閱讀時，孩子的跳行、漏字，總是讓父母一個頭兩個大。其實，孩子自己也一樣沒把握。試著讓孩子練習朗讀，至少能清楚知道他的視覺搜尋狀況，以及對於字的辨識能力。

為了幫助孩子對閱讀開胃，建議你，**先從文字較為簡潔的繪本開始**（雖然他可能會認為你太小看他了）。讓孩子一句、一句來，隨著字體的大小變化，調整音量大小進行朗讀。有時讓孩子隨著繪本中的文字內容，調整一下朗讀的語調，讓他帶點感覺與情緒，有助於提升閱讀的專注力。

祕訣048 搜尋關鍵字

面對眼前滿滿的文字，有時只見孩子搔著頭、皺起眉，接著搖搖頭，雙手一攤說：「我放棄了！」此時，不妨試著讓孩子拿起紅筆，練習圈選出關鍵字。

至於關鍵字如何界定，你可以先說明或示範，**讓孩子在一篇文章裡，把自己判斷為重要的關鍵字圈出來。**

祕訣049 解釋關鍵字

當孩子把某些字詞圈出來後，你就有機會知道他的想法、他的判斷。當然，你也**可以讓孩子說說看為什麼要圈出這些字詞，聽聽他的想法**，不然孩子看歸看，你還真的不知道他看進些什麼。

祕訣050

文章導讀

好的標題或書名，讓人可以一眼就很快地了解內容所要強調的重點，同時，也吸引讀者有了想要繼續看下去的動機。**試著和孩子一起討論對標題或書名的看法**，可以選擇在閱讀之前、閱讀之間或閱讀之後，共同進行分享。

如同導讀一般，從孩子對於標題或書名的看法，多少可以測試他對於當下所閱讀的文章或書本，理解的程度到哪裡，以及他在閱讀過程中，是否維持了適當的專注力，有無充分掌握關鍵與重點。

祕訣051

對於角色的詮釋

在小說或電影的故事中，有主角、有配角、有路人甲，還有路人乙。**試著和孩子討論故事裡，他自己對於各個角色的詮釋**。例如《哈利波特》裡的哈利波特、妙麗、榮恩、鄧不利多、佛地魔與馬份等，或《海賊王》裡的魯夫、索隆、娜美、騙人布、香吉士、喬巴、羅賓、佛朗基、布魯克。

從角色的詮釋中，試著讀出這些人物的味道與他們彼此之間的關係。讓孩子慢慢透過對人物的了解，學習掌握故事裡的關鍵。當關鍵抓住了，閱讀的專注也呼之欲出。

問題十
為什麼孩子在家練習得好好的，到學校卻考不好？

「老公，你不覺得很奇怪嗎？芊芊這孩子每次都是今天在家裡會的，隔天到學校一考試就七折八扣，但是相同的題目拿回家再算一次，又對了。你不覺得很邪門嗎？」芊媽有些疑惑地問丈夫。芊爸一頭霧水地兩手一攤，也想不透問題到底出在哪裡。

「我可以確定芊芊是很認真的！」芊媽話一說完，芊爸也點頭表示同意。「你看她每次在書房裡都那麼專心地準備，文章一段一段仔細看，評量一題一題仔細想、仔細寫和仔細算。」

「所以你的意思是說，她在學校的考試都沒仔細看？」芊爸問。

「我怎麼會知道呢？可是照理說，芊芊在家這麼仔細，在學校應該也會很仔細才對啊！」芊媽補充。

「嗯，我也這麼想，芹芹這孩子在學校很乖的啊！」芹爸右手撫摸著下巴，疑惑地說。

「是真的很乖啊！我也沒聽老師抱怨過。我一直很納悶，問題到底出在哪裡。明明在家裡都會，為什麼在學校就容易錯？難道是教室的風水不好？」芹媽猜想。

「什麼風水不風水的，你還迷信這個？」芹爸不以為然地回答。

「那不然你告訴我，問題到底出在哪裡？」芹媽繼續說：「你看，每回芹芹在復習功課時，我們不都是同時把手機關靜音，連震動都取消了，讓書房保持安靜無聲的，就怕影響她的專注力。怎麼才過了一個晚上，到學校的表現就差那麼多？」

「老婆，我剛剛在想，芹芹的能力應該不會是問題，不然她在家練習或帶回來更正時，為什麼幾乎都對？我們都知道芹芹在家是很專心沒錯，但她在學校是否一樣專心，這一點我開始有些疑問了。」芹爸說。

「在家裡，我們不是盡可能讓環境保持在最少干擾的狀態，幫助芹芹更專心嗎？」芹媽疑惑著。

「嗯，我想或許問題就在這裡。」芹爸似乎想到了問題的關鍵所在。

讓閱讀更專心的祕訣指南

祕訣052

發現問題的癥結

你可以發現，孩子在純淨的空間裡，往往能夠專注地完成他所應該做的事。這時，集中性注意力粉墨登場，大大地展現出專注的功力。

但是，當環境中開始多一些不相關的干擾、刺激時，孩子的專注力便開始被迫接受挑戰，注意力漸漸潰堤了，分心開始滲入在學習中。這時你面臨到的是，**儘管孩**

子的集中性注意力良好，但他的「選擇性注意力」功力不高。

為何「選擇性注意力」的功力不高呢？不見得是孩子本身的注意力特質不好，而是平時沒有勤練功，段數當然就不高。

你可能會質疑，「可是我們有練啊！」沒錯，是有練，但你練的只是集中性注意力這一招，而少了選擇性注意力那一式。

祕訣
053

接受干擾的事實存在

雖然刺激少的單純環境，對於提升孩子的集中性注意力有明顯的幫助與需要，但是，孩子在校園裡的實際生活圈與學習圈，不太可能維持在真空狀態。

你得接受在校園裡，干擾一直都存在的事實（但不要牽連到ＡＤＨＤ孩子喲）。**想要提升孩子的選擇性注意力，適當的刺激暴露與干擾仍然有其必要。**任何事物都有存在的價值，連噪音干擾都有它在專注力上的積極作用。

祕訣
054

單純的考量

當孩子面對全新的、高難度的或不熟悉的學習事物時，請先讓環境維持單純

化。環境維持得整齊、清潔、簡單、樸素，孩子的學習表現就容易迅速而確實。嗯，比照圖書館閱覽室的規定也不錯。

讓孩子先透過集中性注意力，將這些學習內容的概念與知識建構起來。當具備了穩定的集中性注意力，再進一步跨入選擇性注意力的練習，也就是先求有，再求好。

祕訣 055

啟動干擾模式

當孩子面對的是較為熟悉、簡單或不重要的事物時，可以將干擾因素加入，當然囉，強度不需要像你家隔壁的施工那樣。

例如，若眼前的作業或閱讀內容是孩子能力所及的，這時便可啟動干擾模式，像是傳送或接收LINE訊息的提示聲（波浪、急板、漣漪、和弦或颼颼聲等），或在一旁進進出出地走動（雖然你不知道自己要幹嘛），或是除溼機運轉聲等不相關的刺激源。

但是，干擾歸干擾，請給得適度。過程中，請留意孩子的選擇性注意力是否耐操、功能超強而不受干擾，讓他可以繼續維持專注力在該做的事情上。

問題十一
孩子一邊看書，一邊聽音樂，到底好不好？

「不去想／他們擁有美麗的太陽／我看見／每天的夕陽／也會有變化／我知道我一直有雙／隱形的翅膀／帶我飛／給我希望……」美均戴著全白的耳機，一邊輕搖著身體，一邊哼唱，同時眼睛盯著翻開的國語課本，神情陶醉。

「我終於／看到／所有夢想都開花／追逐的年輕／歌聲多嘹亮……」美均拉高嗓門唱到這一段時，媽媽雙手扠腰對她吼著：「林美均，還在給我多嘹亮？明天要考試了，你還在給我聽歌？」

「我終於／翱翔／用心凝望不害怕／哪裡會有風／就飛多遠吧！」

「天啊！你還在給我繼續唱？耳機拿下來，有沒有聽到？」

「媽媽，你很吵耶，你沒看到我正在看書？」

「看書？邊聽流行歌邊看書？騙誰？這樣還能看書？」美均媽不以為然地反駁。
「這樣我比較能專心啊！不然你們一直在旁邊走來走去或講話，我怎麼看書？」
「拜託，你還怪我們太吵？邊看國語還可以邊唱歌？難不成你們明天不考唐詩宋詞，要考流行歌？有本事，明天你就給我考個好成績回來。」
美均索性將原先插在筆電裡的耳機拿了下來，把在YouTube上張韶涵「隱形的翅膀」網頁關掉。此時，她發現臉書有三個未讀取的訊息，便順手打開來看，仔細閱讀了上面的留言，隨後又敲起鍵盤，快速地打了一些字一一回覆，而對方回覆的速度也很快，就這樣一來一往，美均不知不覺又在臉書上耗掉了一些時間。明天要考國語這件事，似乎暫時被遺忘在書房的某個角落了。
「林美均，你還在用Facebook？太誇張了，現在馬上離線，把電腦給我關掉！真是搞不清楚狀況，該做的事情不做，老是做一些莫名其妙的事。你國語評量寫了沒？不要忘了，你上次國語月考才給我考四十七分。」說到這裡，媽媽又是一肚子氣。
「評量題目那麼多，哪寫得完？很累耶！」美均關上電腦，有些不悅地抱怨著。
媽媽大罵：「寫不完，你還有時間給我聽歌、上臉書？竟然還告訴我『評量題目那麼多，哪寫得完』！很累？玩臉書就不會累？不要給我找這麼多藉口！」

「玩臉書真的不會累啊！更何況讀書讀久了，多少也要休息嘛！」美均說到這裡抬起了頭，只見媽媽雙手環抱在胸前，咬牙怒視著自己。

讓閱讀更專心的祕訣指南

- 祕訣056 閱讀漫遊
- 祕訣057 戴上耳機
- 祕訣058 選定背景音樂
- 祕訣059 準備自選曲
- 祕訣060 馬拉松的伴隨畫面

祕訣056

閱讀漫遊

凡事都有例外。**在不影響視力的前提下，只要是最適合自己孩子的，無論哪裡看、怎麼看或用什麼姿勢看，凡是對於閱讀吸收有幫助的，都可以「好好地看」**。

有些孩子在定點閱讀有成效，有些則傾向於在家裡四處趴趴走。

利用閱讀漫遊的方法，如果發現有成效，例如孩子邊走邊看書也能夠同樣專注，那就順其自然吧。不要太拘泥閱讀的形式，重點在於孩子是否專注及有效吸收。

祕訣057

戴上耳機

有時，孩子對於聽覺的刺激很難過濾，常因太過敏感而受到周圍不相關的干擾，影響專注力（看，你的FB訊息與留言又叮咚叮咚響了），在這個時候，可以讓孩子學習戴上耳機。

這情境適用於當孩子正準備考試，努力用功，一旁卻總是傳來擾人的聲音時。

教孩子戴上耳機，感覺只有自己存在。

祕訣 058

選定背景音樂

對於大部分的孩子而言，想要對眼前的活動保持專注，「安靜、無聲、靜悄悄」的確有必要。但你可能也發現了，對於某些孩子來說，一旦處在太安靜的氣氛下時，反而更容易敏感、分心去注意當下細微的變化，例如邊閱讀，邊注意掉落在桌上的髮絲，或者邊閱讀，邊留意冷氣空調的轉動而亂了思緒。

這時，不妨啟動背景音樂吧！**如同隔音牆的作用一般，視孩子當下的閱讀狀況，選擇適合的背景音樂**，只要是有助於孩子維持集中性注意力、選擇性注意力及持續性注意力的都可以。

祕訣 059

準備自選曲

背景音樂可以是常與宮崎駿合作的久石讓，或來段義大利國寶級電影配樂大師顏尼歐．莫利克奈（Ennio Morricone）的《新天堂樂園》原聲帶，又或者是一段卡農、自然情境音樂、小野麗莎等。當然，以上這些都是例子。只要願意啟動，**你一定可以與孩子找出最適合讓他專注的背景音樂。**

祕訣060

馬拉松的伴隨畫面

持續性注意力有如一場馬拉松賽，要能夠在最後達陣成功，維持基本的「耐力」是必要的。

在學生時代，我算是滿能夠長跑的（嗯，你要相信）。要維持長距離的跑步耐性，除了生理的壓力，其實也需要心理上的放鬆。

那時，在我的跑步過程中，電影《火戰車》的片頭音樂與一群人在海邊奔跑的畫面，一直伴隨著我。對我而言，心裡不斷浮現的音樂是一種轉移，也是一種紓壓。當然，能夠順利跑完全程，也是持續性注意力的一種完美展現。

在這裡要和你分享的是，平時便可以讓孩子選定適合他的背景音樂，當他需要進行一場耗費心力的活動時，或許有助於專注力的持續醞釀。跑步的道理，有時和孩子的閱讀是一樣的。

問題十二
孩子對閱讀提不起勁，怎麼辦？

「老婆，你買的這套共二十二本的《丁丁歷險記》，阿德到底有沒有在翻啊？怎麼看起來像是全新的一樣，動也沒動。買了不看，這不是挺浪費的嗎？」望著書架上一整排的精裝套書，阿德爸嘴巴抱怨著。

「哎喲！老公，你也知道，阿德這孩子對讀書沒什麼勁。本來我想說，既然如此，那乾脆幫他找一些內容既冒險，又有想像力的圖畫書。買之前還問他選《丁丁歷險記》好不好，他很乾脆地回答好啊！誰知道，買了之後就愛翻不翻。ㄟ，拜託，這一套可是比利時國寶級的經典耶！」阿德媽感嘆。

「國寶級？有什麼用。他不翻，能幹嘛？更何況，翻書和有沒有把書裡所講的吸收進去，根本是兩回事。」爸爸忍不住激動起來。

阿德媽也覺得自己很無辜。

「唉！我又沒叫他一口氣看完二十二本。這麼好的書，擺在那邊真的太可惜了。倒是昨天，他自己主動在看那本大大的《地圖》繪本，神情真是既專注又迷人啊！我想，應該是上面豐富的手繪插圖吸引他吧。唉，實在希望這樣的畫面能夠多一些，不然平時見他看書的注意力都超短的。有時我都在懷疑，阿德腦袋瓜裡的那顆『專注力電池』可能不是原廠的，所以品質不好，充電性能不足。」

「我說阿德媽呀，下回買書，乾脆讓孩子自己選算了。畢竟閱讀這回事還真的挺耗電的。除非阿德自己對眼前的書本內容感興趣，不然他讀書老是走走停停，久了就很容易沒勁。」爸爸勸說。

「話是這麼說沒錯啦！我說阿德爸啊，我們老是抱怨孩子不愛看書，注意力沒辦法在閱讀上撐很久，但有時想想，我們做爸媽的除了上臉書之外，好像很少在孩子眼前看書，連私底下翻翻書都很少。所以，實在也不能怪阿德讀不下書，誰叫我們自己榜樣沒做好。」阿德媽感嘆。

讓閱讀更專心的祕訣指南

祕訣061

專注需要什麼理由？

「為什麼有的人可以持續看完厚厚的一本《哈利波特》？甚至於意猶未盡，日以繼夜地連續幾天看完了七集？」和孩子一起來想想這個問題，是什麼樣的條件能讓專注力與持續性，在閱讀上發揮得這麼淋漓盡致？

是被內容吸引？覺得好奇？感到有趣？能夠充分理解文字？一邊看書，一邊激發了想像力？還是本來就喜歡閱讀？

無論答案是哪一個，多少都告訴了我們：**要維持良好的專注力表現，真的需要一些其他的配套方法來加持**。專注力，其實不只是專注力。

秘訣
062

維持該有的表現

專注力可不是撐得久就算好！**隨著時間一點一滴地走著，請試著觀察，孩子的專注能否繼續維持該有的品質與表現。**

例如，持續一、兩個小時默背英文單字，孩子的記憶與提取仍然順利，或持續書寫數學評量，仍然能夠維持該有的運算速度及正確性。

秘訣
063

注意彈性疲乏

如果孩子一直在做同一件事，隨著時間的拉長，書寫及閱讀效率將愈來愈低。

當注意力的彈性疲乏現身時，除了休息一下之外，或許也可以**換一換學習內容，以減少長時間停留於單一科目而可能產生的注意力疲乏**。一旦孩子累了，什麼專注力都不用說。

祕訣064
腦袋保鮮

閱讀畢竟是一件耗費心力的活動。為了讓注意力能夠發揮一定的水準，**試著讓腦袋在不同的事物之間適時轉換，保持新鮮。**適度地放鬆、保鮮，這對於專注力的維持是有加持作用的。

腦袋如何保鮮？這點並沒有標準答案，但是，一定有最適合自己的方法。像是站起來走動一下、開開窗戶吹個涼風、聽一首讓心情放鬆的音樂，或者看個笑話幽默一下等，只要能夠讓自己瞬時覺得放鬆即可。

如果選擇上網，請記得要把專注力收回來。

祕訣065
電影與小說呼應

有些孩子對文字缺乏偏好，但是容易受影像吸引。

以李安導演的《少年PI的奇幻漂流》為例，如果你家中的青春期孩子喜愛看電影，或者因為常聽班上同學討論，而好奇這部電影到底在演什麼，驅使他產生想走進電影院或租DVD來看的動力，這時，主動性便已悄悄啟動了。

有時孩子對閱讀的專注感到欲振乏力，提不起勁，但是一部分的孩子受了電影吸引之後，會燃起想要看《少年PI的奇幻漂流》原著小說的動力，就像常常有人喜歡比較原著小說和電影的差別到底在哪裡。這時，如果幸運的話，孩子很自然地會將注意力慢慢位移到原先不熱衷的文字閱讀上。

讓孩子從熱愛看電影，間接偏好閱讀文字，慢慢維持專注力於不敗之地。但是電影與小說的選擇，請以孩子的喜好為優先。

祕訣 066

我們的閱讀身影

請你想想以下這幾個問題。

「我最近一次看書是什麼時候？」嗯，當然是現在啊，不然我怎麼會看到你寫的這一段。

「我最近一次去書店是什麼時候？」哎喲，人家現在都上網路書店啦！

「我最近都在看什麼書？」只要是紙本書都好，不能只有臉書啊！你說是不是，馬克．祖克柏（臉書創辦人）？

我們都希望孩子閱讀（謎之音：我知道你希望他讀什麼啦），但是，我們自己卻似乎很少閱讀。

身教勝於言教，無論爸爸或媽媽，都不能只出一張嘴。**若我們期待看見孩子閱讀的身影，那麼請先翻轉過來，讓孩子先看見我們閱讀的身影。**

或許有人會說：「嗯，這好像有點難耶，畢竟出社會之後……」好吧，那你就不要對孩子的閱讀有所期待。

請拿起一本書，專注地徜徉及優游在字裡行間吧！你的閱讀身影是很迷人的。不信？那你問問自己的孩子。

第四章

專注力與3C的恩怨情仇

提升3C的正向能量

關於3C產品，你真的是又愛又怕（這一點，孩子的膽子比我們大了些）。愛，是3C在生活、工作與人際脈絡的維繫中，充滿了便利（但不保證也換來效率）。怕——或說擔心也行，卻也在於3C無所不在，怕它們對孩子的專注力影響無孔不入。

當然，3C產品有時也會誤導你對於孩子專注力的了解。常常可以聽見大人這麼說：

「我的孩子的注意力哪有什麼問題！你沒看他玩電腦、玩手機的時候，那副專心的模樣。」

「時間到了，都不需要人家提醒就自動上網。但是時間到了，他也不願意下來就對了。你看，廢寢忘食的，持續性有多好。」

然而，撇開網路成癮不談，孩子對於３Ｃ的專注力，似乎很難移植到你所期待的「活動」上（什麼活動？這還用說嗎？）。

「為什麼孩子只能在電玩上專心？」你的問題拋出來了，我想這個疑問在你內心應該也積壓很久了。或許你接著在想：「我應該如何採取切斷模式？」

其實，不碰３Ｃ產品，並不等同於孩子就會變得專心。事情沒那麼簡單。

正如同以前Nokia廣告的標語：「科技始終來自於人性」，不管你相不相信，任何事物都有它存在的價值，就看你如何去看待、如何去運用這些媒介。別忘了，這些３Ｃ產品花費了多少人類智慧的結晶。

對於孩子的專注力來說，３Ｃ真的是洪水猛獸嗎？（喔喔！露餡了，我使用的是「？」——問號。）

問題十三
為什麼孩子休息了一下，專注力就回不來了？

在朱自清的散文〈背影〉裡，有這句話：「……我最不能忘記的是他的背影……」而在孩子的書房中，我想你也很難忘記他專注寫功課的背影，那是真的有認真喲！而且那背影持續在你的腦海裡很久（媽咪，因為我一直很專心寫功課），當你的手機答鈴傳來「你是我的小呀小蘋果兒／怎麼愛你都不嫌多」，他還是低頭專心寫著功課，這一點你很確定。

好吧，到這裡，你一切都不需要擔心。嗯，孩子的集中性注意力專注於眼前的事物，很好；持續性注意力能維持一段時間，沒話說；選擇性注意力也不受外在不相關刺激的干擾，漂亮。那你還在擔心什麼？

「媽媽，我的國語習作第五單元完成了，我可不可以休息一下，等一下再回來寫數學評量？」休息，這符合人性，應該的。畢竟孩子腦袋瓜裡的電瓶持續耗電五十分鐘了，是該休息休息，喘口氣。

「那我可不可以吃一下糖果？」

「那麼愛吃糖，不怕蛀牙？」

「媽咪，不是啦！是手機借我玩一下『Candy Crush』啦！十分鐘就好，或讓我過三關，意思意思。」

「這……」你有些猶疑，但想想只有十分鐘，應該也不為過。

可是，十分鐘過後，問題來了。

你確認孩子的數學程度是有的，這一點你不會懷疑。但是怎麼玩了「Candy Crush」之後，孩子的專注力卻變了樣。

「紅紅的小臉兒溫暖我的心窩／點亮我生命的火／火火火火火」，手機答鈴又響了，然而這一回，孩子的專注力卻被破解了——不，應該說是被瓦解了，你發現他的眼神散了，魂飄了。

孩子對你說：「我知道時間到了，可是媽咪，我的專注力回不去了。」

這到底是怎麼一回事？

提升3C正向能量的祕訣指南

祕訣067

定期檢查轉換性注意力

你需要**定期檢查孩子的轉換性注意力**。

讓我們試著把畫面拉回校園：有些孩子在下課十分鐘玩得太瘋了，當他們上課鐘響回教室上課時，你會發現，他的注意力轉換沒有那麼順利，往往需要一些時間緩衝，讓專注力再回來。這裡關係到孩子專注力的進階版——「轉換性注意力」是否良好。

我想，你並不希望孩子的注意力表現像《犀利人妻》裡，謝安真的那句經典台詞：「可是瑞凡，我回不去了。」嗯，安真回不去了，但孩子的專注力卻需要回來。

祕訣 068

設定緩衝時間

提醒自己在活動與活動之間，讓孩子有緩衝的時間，這個緩衝時間主要的目的在於讓孩子心情沉澱。世界愈快，心，則慢，人家金城武有說喲！

例如，**在寫作業前，先讓孩子靜一靜；或者當國語習作寫完，在繼續寫數學評量前也讓孩子靜一靜。**你將發現，孩子在不同事物間的專注力銜接會比較漂亮、順利。

祕訣 069

超完美的無縫接軌

在兩項主要的活動之間（需要維持專注力於眼前的事物），除了你的靜心安排外，孩子總是會主動提出他的放鬆需求（比如玩一下手機的『Candy Crush』）。**若想維護孩子轉換性注意力的品質，「中場活動」的內容與性質考量，就需要相當謹慎地精挑細選。**

轉換性注意力，主要指的是一個人在活動與活動之間，該如何進行最妥善的安排，讓自己能夠完美地銜接注意力。如果要做到超完美無縫接軌，就必須了解每項活動與孩子的能力與特質之間的關係。例如，「Candy Crush」對於孩子來說，很容易引起他的過度興奮而造成失控。

祕訣070

讓興奮的刺激壓軸

在動態、靜態活動的交叉安排上，建議你，在主要的靜態與靜態進行之間，盡可能以較少刺激為轉換原則。**那些太過刺激、容易造成孩子興奮的活動，建議安排於主要的靜態活動結束之後。**

有時孩子在經歷了太興奮的刺激之後，往往很難順利轉換至下一個需要花費心思的活動，例如閱讀、思考或寫字。

因此，除非過去的經驗告訴你，在國語習作與數學評量之間讓孩子玩一下「Candy Crush」，並不影響他接下來的注意力轉換，可以讓他繼續維持該有的專注力表現，或許就無傷大雅。否則你與孩子需要衡量一下，把太容易讓他興奮的活動，安排在所有該做的事情完成之後，例如，先將國語習作與數學評量都做完，再Candy

Crush一下。

祕訣071

減少隱形的浪費

有時，我們會以許多合理化的理由告訴自己：上上網，讓自己放鬆一下，一下下就好。只是，這「一下下」，有時是從這個網頁連結到另一個網頁、回個簡訊、看個Email、上YouTube聽首歌，還有瀏覽一下臉書的塗鴉牆，除了多多按讚，當然也要禮貌性地回覆給對方。

如何讓自己的注意力免於受不相關的刺激吸引，這需要很強的自制力。請留意，孩子是否也容易如此重蹈覆轍。

祕訣072

轉換的真本事

無論是看電視、玩手機或上網打怪，孩子都會很清楚地告訴你，這些3C的活動讓他「很．放．鬆」。但你可能擔心他「太．放．鬆」，而鬆到回不去了。

孩子在休息時間到底適不適合玩玩3C產品，轉換心情？**這不是二分法Yes／No的問題，而是孩子有沒有注意力轉換的真本事。**這並不是「Candy Crush」的錯。

問題十四
該不該讓孩子一邊吃飯，一邊看電視？

「小春，吃飯就吃飯，看什麼電視？」爸爸說。

「爸爸講的一點都沒有錯。但是，七點新聞報導著，爸爸你在……」小春說。

「拜託，我看個新聞不要在旁邊吵，關心一下國家大事、社會現況，這有什麼不對？」爸爸繼續盯著新聞台。

「爸爸說的也對。畢竟爸爸是戶長、一家之主，是該了解、關心新聞。」小春心裡OS。

「小春，吃飯就吃飯，看什麼電視？」媽媽說。

「媽媽講的一點都沒錯。但是八點檔的連續劇現在正演著，媽媽你在……」小春說。

「拜託，我忙到現在才有時間吃飯，看看電視放鬆一下，這有什麼不對？」媽媽繼續盯著連續劇。

「嗯，聽起來好像也滿有道理的。做孩子要懂事、貼心，這一點我不要跟媽媽太計較。」小春心裡OS。

「小春，吃飯就吃飯，看什麼電視？」爸爸頭也不回地念著。只見他一手拿碗，一手拿遙控器，一下子是五十五台的TVBS，一會兒跳到五十一台的東森新聞，然後是五十二台的中天新聞，接著又來個五十三台的民視新聞、五十四台的三立新聞。

「小春，吃飯就吃飯，看什麼電視？」媽媽看得目不轉睛，有時一把眼淚一把鼻涕，有時邊拍桌叫好或叫罵，有時喃喃自語，眼前的飯菜被晾在一邊。小春很想跟她說：媽，再不吃就變成剩菜剩飯囉！

「但是，為什麼我就不能邊吃飯邊看電視？」小春感到疑惑不已，接著心裡立刻傳來一陣回音：「說的也是。爸爸行，媽媽能，為什麼我就不可以？更何況我看的是六點的卡通耶，又不和他們搶頻道。」

她想到爸媽給的理由：「我們是爸媽！」這一點沒有說服力，誰規定爸媽就可以一邊吃飯，一邊看電視？所以不說還比較好。

「我們出門工作、在家做事很辛苦！」難道我上學一天外加安親，就不累嗎？

「反正……」（爸媽說不出個理由來了。）

到底該不該邊吃飯邊看電視？先跳開對消化功能的影響不談，讓我們回到專注力這件事情上。

提升3C正向能量的祕訣指南

祕訣073 一次只做一件事
祕訣074 同步做事的生存必要
祕訣075 自動化反應優先
祕訣076 預防鳩占鵲巢
祕訣077 品質的維持

祕訣073

一次只做一件事

一次做一件事，當然是維持專注力的基本原則。這時，孩子能夠集中注意力在眼前的待辦事項上，排除不相關的干擾，持續專注力一段時間，所展現的效率、效果與表現最是完美。

邊吃飯、邊看電視，你已經同步啟動兩個視窗了。請留意，維持專注力是很耗心力的事情。**當你選擇邊吃飯、邊看電視時，已經進入了「分散性注意力」的模式，同一個時間做兩件事，當下所耗費的心力是加倍的。**除非你有這個能耐——我就說嘛，爸媽有練過，小孩不要亂學——什麼能耐？「把兩件事情同時都做好」的能耐。

分散性注意力是很進階的能力，也就是說，當孩子一次只做一件事情，都很容易分心，難以維持專注力了，更何況是同步啟動？所以再強調一次，這是要練過的啦！

祕訣074

同步做事的生存必要

然而殘酷的是，現實生活中，往往很難讓我們在一個時間裡只做一件事。這一點，上班族或家庭主婦應該都知道。意思也就是說，**分散性注意力的訓練，仍然有其必要。**

重點就在這裡了，「一心二用」。專心只做一件事當然最好，但是爸媽不妨想想，每回做家事，總是很難一次只專心做一件事。有時衣服曬到一半，手機響了，只好邊用擴音講電話邊曬衣服，有時則要注意微波爐的定時器。

所以不要說一心二用了，想想看，若自己是個家政婦，還得練就一心好多用。

祕訣075

自動化反應優先

好吧，那該怎麼練呢？

如果同步做兩件事，還想要維持該有的表現，最好的方式就是，**至少其中有一件事對孩子來說是再熟悉不過，幾乎可以到自動化反應的程度。**

生活中，有許多關於注意力自動化的經驗。例如，孩子對於騎車這件事，經過反覆練習，已經逐漸熟悉到不需再耗太多的心力去注意，像是車把怎麼握、踏板如何踏等細節。就像有些孩子的打字輸入，已到達不需要再看鍵盤的境界一樣（所以媽媽，打怪練手感還是有幫助的啦）。

祕訣076

預防鳩占鵲巢

當然，另外一件事情的選擇也不能鳩占鵲巢，太吸引孩子。例如，看電視看到目不轉睛，而忘了吃飯。

孩子邊吃飯邊看電視，假如能夠在適當時間內把飯吃完，只要不會消化不良，那倒也無所謂。但是，如果事與願違，沒辦法做到兩全其美，那麼**請讓孩子先好好把飯吃完，再盡情地看電視**，或許會比較適當。

祕訣 077

品質的維持

到底該不該邊吃飯邊看電視呢？請記得，這時「吃飯」是重點。除非孩子飯吃了，電視也看了，否則就本末倒置了。就像「該不該邊看電影，邊吃爆米花」的問題，請記得，這時看電影是重點，除非你電影看了，爆米花也吃了，否則不是反客為主了嗎？

啟動分散性注意力時，仍需維持應該有的專注力品質，具備一心二用的本事。**如果有本事邊吃飯邊看電視，就要有本事把兩件事情都做好。沒本事，就不要一心二用。**「維持品質」，這是最基本的遊戲規則。

魔音傳腦地再問一次：那到底該不該邊吃飯邊看電視呢？請爸媽以身作則，飯沒吃完，什麼都不用說。所以，就讓我們先好好吃飯吧！

問題十五

為什麼孩子只有打電玩時才專心？

平時看大衛玩Game Boy、上網玩楓之谷打怪、看《火影忍者》卡通，或是玩iPad上的憤怒鳥，用力發射擊中偷蛋豬很專心，但是，媽媽實在搞不懂：「為什麼只是要求他看個書、寫個字，他卻老是少根筋，跳行、錯字、漏字樣樣精，不然就是三分鐘熱度，注意力一下子就熄滅了。」

只要一聊到和電玩有關的話題，大衛總是口沫橫飛。「媽媽，我跟你說，玩線上遊戲可以讓我變得很專心耶！你看，打怪也是要專注啊！不然怎麼能夠殺掉怪物，讓自己升等。而且我都憑實力，不像其他人都是用外掛程式。」大衛得意地搖晃著身體說。

媽媽其實並不反對大衛接觸這些３Ｃ玩意，畢竟大衛爸在資訊業上班，孩子每天看著爸爸提到、使用這些發展迅速的３Ｃ產品，長期耳濡目染下，對於３Ｃ的資訊及使用能力都遠遠勝過她這個做媽的。

「玩這些玩意，究竟算不算專心？還是只有讀書、準備考試才算認真？」

「這些卡通、電玩，我到底該不該設限？但是，大人可以碰，小孩卻不能玩，單單這一點，連我都無法說服自己。到底有沒有兩全其美的方式？」

大衛媽不時搔弄著頭思考。在功課上，不時地提醒、糾正和抱怨孩子，除了讓自己感到煩躁外，她實在拿孩子沒辦法。

「為什麼我和孩子總是在讀書、考試、寫作業和這些線上遊戲、電玩之間用力拉扯呢？難道我家大衛不能有別的興趣或嗜好嗎？像吳寶春的酒釀桂圓雜糧麵包能夠那麼成功，還有那倒立先生黃明正都能耐心地倒立環島，連陳漢典都可以認真地模仿得唯妙唯肖。嗯，一定要找到我家大衛擅長的事。」媽媽心中堅定地想著。

「雖然以後不一定要做冠軍麵包、練習倒立或上台模仿，但專注在一件事情上，對未來總是好事。不然《翻滾吧！阿信》也行。」

想到這裡，大衛媽的思緒變得清楚許多。原來，專注不一定只限於讀書和打怪這些事，孩子仍然可以在許多的地方展現出熱情。

「專注、熱情、快樂、渾然忘我，這些應該都是息息相關的。」大衛媽在心裡這麼肯定。

提升3C正向能量的祕訣指南

祕訣078

電玩啟示錄

有時孩子會告訴你：「玩電玩，我最專心。打怪，我最用心。」我想當你聽到孩子這種說詞的時候，大概會忍不住雙手扠腰，怒瞪著他罵：「開什麼玩笑！」

其實，每件事情都有它所帶來的「正向」那一面，孩子玩電玩應該也是一樣。

想想看，電玩能夠為注意力練習帶來什麼樣的影響。**電玩的特色是刺激、有趣、立即回饋、競賽和具有吸引力**，如果把這些元素帶進平時的教學與訓練，我們可以怎麼做？要是能讓教學與平時的訓練變得好玩，或許也可以為自己帶來一把勁。

祕訣079

電玩，適可而止

電玩可以讓我們思考如何調整教學與訓練，讓孩子覺得學習是件有趣的事，而提升專注力。但是，**若你發現孩子平時注意力容易渙散，這表示孩子玩電玩的本錢還不夠，那麼，以聲光刺激為主的電玩遊戲還是少碰為妙，適可而止。**

祕訣080

重口味的危機

強調聲光刺激的遊戲，往往不太需要經過大腦前額葉，而這裡是與專注、邏輯思考、組織能力及解決問題能力息息相關的。

意思也就是說，**孩子電玩玩愈多、玩愈久，口味吃重了，接著對於相對清淡爽口的閱讀、思考等活動，也就逐漸失去了興趣與動力。**當然，不太使用與刺激前額葉之後，對孩子專注力的影響也變得更雪上加霜。

祕訣081

聲光外控

沒錯，玩線上遊戲也需要專注力。只是這些強調打打殺殺、以聲光刺激為主的遊戲，是由電玩來控制孩子的專注力。**這樣的注意力是外控的，是由這些聲光刺激，不斷在維持及延續孩子的專注力。**

請特別留意孩子結束這些遊戲後的反應——是否顯得更焦慮、更疲憊、精神更渙散。如此的注意力品質，你要嗎？

祕訣082

專注的主控權

專注力，仍然要回到由孩子主控的步調。

就像當孩子準備看《小王子》這本書時，**閱讀行為是由他自己主動啟動的。**翻開書頁，細細品味或大聲朗讀，邊看邊想著與自己的生命關係，這整個過程都是孩子主動在進行。這時，專注力就是屬於他自己內控而來的。

祕訣083

切換自如

當孩子面對3C產品、動漫或電玩遊戲時，**是否能夠「切換自如」，是一項關於專注力的重要判斷。**這關係到孩子能否自我控制地上線、離線，並且在離開3C後可以順利收心，繼續完成當下應該要做的事。

問題十六
對孩子的專注力來說，3C真的是洪水猛獸嗎？

「唉，現在的孩子真是離不開3C的魔掌。放眼望去，不是滑手機，就是iPad不離身，再不然就成天窩在電腦前，連線打怪樣樣都來。再如此3C下去，我看這些孩子都不想再看紙本書了。」Jim媽感嘆不已。

「Jim媽，這已經是世代的潮流了，擋都擋不住，該接受的，我們還是得默默承擔。」Clark媽說。

「你說的是沒錯，但是照現在這樣的玩法下去，我實在很擔心日積月累之後，對於孩子們到底會造成什麼樣的副作用。」Jim媽擔憂著。

「我想3C產品本身並沒有錯，不然你看，現在我們桌上還不是擺了兩支手機。」聽Clark媽這麼說，Jim媽低頭一看，忍不住噗哧地笑了出來。「哎喲！是沒錯，連我們也被綁架了。只是，畢竟我們是大人了。現在的孩子成天碰3C，難道你都不擔心？」

「Jim媽，任何事情過與不及都不是好現象。更何況，你我也不可能給Jim和Clark成天玩手機或線上遊戲吧？」Clark媽說。「其實對於3C，我一直都抱持著正向的態度，倒不是說不擔心，而是常常在想我們做父母的該如何來運用這些工具。」

Jim媽瞪大了眼睛。「哇！Clark媽，你真的是太理性了。不像我，總是擔心Jim吃了重口味的3C刺激之後，就很難再享受清淡的閱讀了。哎喲！說開了，也是因為我發現他的耐性愈來愈差，學業成績也像最近的低溫一樣持續滑落。」

「你是在煩惱3C產品對於Jim專注力的影響嗎？」Clark媽問。

「也是啦！」Jim媽開始煩惱了起來。

「當然，我們的確要注意孩子花在3C上的時間。但我想3C也不應該是洪水猛獸，就像現在有數不清的App，關鍵或許在於我們如何慎選內容給孩子。更何況，有些App還可以拿來訓練專注力呢！」Clark建議。

「訓練專注力？Clark媽，你有沒有說錯，用3C訓練孩子的專注力？」Jim媽有些訝異地問。

提升3C正向能量的祕訣指南

祕訣084

科技始終來自於人性

回頭想想，現在的3C產品其實都是媒介之一。很多事情並非總是要或不要的二分法，有時候，**關鍵在於我們如何運用「科技始終來自於人性」的3C產品。**

以App應用程式來說，如果仔細搜尋，還是可以找到許多能用來進行專注力訓練的教材或遊戲。

祕訣085 前額葉遊戲

這些遊戲不是以聲光刺激的吸引為主，反而是**強調孩子在解題過程中所需要的邏輯推理，或者對於解決問題的思考。**

例如：「Cat Physics」、「Catch a Mouse」、「Rail Maze」、「Swampy鱷魚小頑皮愛洗澡」或「Drainworks」等（這些都有免費的試玩版本，下載後，在iPad或iPhone上使用）。這些App，都可以做為訓練專注力與解決問題能力的優質遊戲（謎之音：適合的遊戲當然不勝枚舉，建議你可下載，自行品嘗試試）。

祕訣086 Cat Physics

我常把這個遊戲，形容為「黑白貓傳球遊戲」。遊戲中，黑白兩隻貓相互在傳球，如同打撞球時的動線調整。隨著過關的難度提升，孩子必須**不斷地調整動線，設**

法有效地解決問題。

祕訣087 Catch a Mouse

這是一場老鼠與老鼠夾的**鬥智遊戲**，過程中，孩子必須運用老鼠夾窮追猛打，絞盡腦汁地圍堵，不讓看似傻呼呼卻又反應聰明的老鼠跳至洞裡。

祕訣088 Rail Maze

這是備受小朋友喜愛的鐵軌組合遊戲，過程中，孩子必須很快地**腦力激盪，發揮解決問題的能力**，將複雜的軌道組合起來，讓火車能夠順利抵達終點。

祕訣089 Swampy鱷魚小頑皮愛洗澡

鱷魚小頑皮（Swampy）愛洗澡，但是孩子必須動腦想辦法，讓水透過一層一層的泥土和障礙，把水引進鱷魚的浴缸裡。如果要讓鱷魚享受舒服的泡澡，孩子**解決問題的能力**就很重要。

祕訣090 Drainworks

要是家裡的水管斷了一截，水流四處亂竄，怎麼辦？在這款遊戲中，孩子必須**發揮解決問題的能力**，透過旋轉機器來改變水流的方向，或運用海綿先吸水，隨後再擠壓出去，或是運用烙鐵將水蒸發掉。重要的是，你要讓水再流進另一頭的水管裡。

祕訣091 輸入關鍵字

這些遊戲當然也有需要付費的進階關卡，但免費的關卡就可以讓孩子玩很久、玩很多了。

你可能會想知道，以上這五款可做為孩子專注力訓練的免費遊戲哪裡找？這就像**關鍵字搜尋與專注力之間的重要聯結**。當你知道關鍵字，例如「Cat Physics」、「Catch a Mouse」、「Rail Maze」、「Swampy」或「Drainworks」等，就能很容易地在App Store或Google上連結、搜尋到了。

第五章

專注力與時間運用

有效運用時間

我可以確定一件事，當孩子把時間管理做得好，專注力也會水漲船高。請把時間與專注力包裹起來，相互依偎，培養彼此的好關係。

並不是耗了更多的時間，就等同於孩子的專注力有好表現。效率、效率、效率，請在專注力的加持下，讓孩子做起事情來更有效率！以最少的時間，博得最佳的表現。

寫作業，常常是親子之間的拉扯源頭。我們很容易忘了一件事，動筆的人是孩子（消耗心力與能量的也是他），不過，動氣的可能是你。

請別再固執地要求孩子一定要在什麼時候寫作業了，一起和孩子研究出寫作業的最佳時間吧！

專注是一種自律，寫作業也是一種對自我的負責。對於孩子寫作業的奇幻漂流與漫長旅程，做父母的總是備感頭痛。因此，如何讓孩子在規定時間內完成，就是一場必須學習的任務。

讓孩子對時間「敏感」吧！雖然不至於要讓他對時間感到焦慮，但至少可以避免他對時間漫不經心。「你那邊幾點？」不用問電影導演蔡明亮和演員李康生，但你倒是可以多多問孩子。一回生，二回熟，讓他和時鐘日久生情。

請別再扮演行動祕書了，家政婦的工作就已經讓你的青春不再了。動動腦想想看，如何把提醒功能安裝在孩子的腦袋瓜裡吧！這樣才比較能夠一勞永逸。

問題十七 如何找出孩子最專注的時刻？

書房裡，正播放著輕柔的〈藍色多瑙河〉古典音樂。文俊閉著雙眼，深深地呼吸，身體放鬆地坐在書桌前。在這短短的幾分鐘旋律裡，是媽媽為他準備的情境轉換時間，特別是當他開始要從動態的玩，進入到靜態的書寫、閱讀時間之前。

「文俊，叫你不要玩得那麼瘋，老是玩成這副德性，汗流浹背地像剛從工地回來的樣子，晚上怎麼有心思寫作業。」「文俊，動作快一點，寫個字老是拖拖拉拉的，都六年級了還這樣。」過去，媽媽總是不耐煩地如此叨念著。

注意力轉換的困難，也讓老師不只一次地向媽媽抱怨：「唉！文俊媽，每次只要一到下課，文俊老愛在走廊或操場上跑來跑去的，玩得滿身大汗。上課鐘響回到教室後，整個人還是像人來瘋，別的同學都已經把課本拿出來了，他還在那邊搧風、納涼。媽媽，你在家裡真的要多注意！」

這些抱怨常讓文俊媽感到無奈，她心想：「老師，你也幫幫忙，轄區要分清楚。孩子下課愛玩成那樣，上課心思回不來，我人在家裡要怎麼注意？」

儘管這麼想，媽媽還是覺得自己應該要有所行動。「唉！這孩子總是容易玩到太興奮，自我控制的煞車系統老是失靈，要馬上從玩耍進入寫字、閱讀狀態還真難。」

「文俊，現在是晚上六點三十分。七點整以前，你需要完成這一張數學評量的十題計算題，請記得每題驗算兩次。」在〈藍色多瑙河〉的音樂聲結束後，媽媽具體地讓孩子知道他現在應該要做的事。同時，在談到時間的「數字」時，文俊媽特別停頓、加重語氣。

「媽媽，等一下我如果在七點鐘以前寫完，多出來的時間，記得要幫我加到時間悠遊卡上，也要多算紅利點數喲。」文俊要求。

文俊媽微笑著點點頭。

「這孩子還真是喜歡玩這些花樣。嗯，這樣也好，讓他對於時間能夠更敏感、更能掌握，做起事情來也較有效率。」

接著她又心想：「與其像以前老是跟孩子抱怨，倒不如現在積極一點地讓他學會對於時間的敏感度，還有如何讓自己學會情緒的轉換。專注力一定是可以訓練的，而且一定要執行，孩子就有改變的機會。」

媽媽決定啟動執行力，來協助文俊改善自己的專注力。

有效運用時間的祕訣指南

祕訣092 選對時間
祕訣093 尋找最佳狀態
祕訣094 留意遲鈍的時刻
祕訣095 孩子，你累了嗎？
祕訣096 適度休息
祕訣097 睡飽了，才能專注

祕訣 092

選對時間

把對的事情，放在對的時間來做，你將會發現孩子的超優表現。

什麼是對的時間？這得從孩子的立場看。若你發現下午四點放學後，孩子的腦筋與體力處於混沌、疲憊狀態，不妨試著把「玩」、「放鬆」和「休息」放在這個時段。

當你觀察到洗完澡後，孩子的意識最清醒，活力也恢復了，這時，開始啟動書寫回家作業，效率與品質或許會較好。

動動腦，打開你的敏銳觀察力，一起和孩子找出對的時間，做對的事吧！這一點，不需要翻農民曆就可以做到哦！

祕訣 093

尋找最佳狀態

試著找出孩子相對的最佳狀態，也就是專注力最集中、持續性最持久、最不受外界干擾，活動轉換最完美的狀況，偶爾來個同步啟動。

請記得，**在這個最佳狀態下，讓孩子做當下最緊急、最重要的事。**

例如，明天要期末考，所以今天晚上最緊急、最重要的事，就是復習及準備隔天的考試內容與範圍。**把注意力放對時間、擺對事情，效率就很容易出現。**

祕訣094

留意遲鈍的時刻

每個人在一天之中，總是有腦袋最疲憊、反應最遲鈍的時刻。就我自己而言，每天傍晚五點至六點往往是我腦力最差的時間，這時，專注力明顯較一天裡的其他時刻差。如果繼續進行需要耗費腦力及專注的活動，注意力的耗竭也更快。

當遲鈍時刻來臨時，也是該給自己腦力放鬆的時候，所以**別讓孩子在遲鈍時間做需要專注的事情**，這可是違反人性的喲！

祕訣095

孩子，你累了嗎？

當你發現孩子真的疲倦了，猛打呵欠，眼皮已經快闔上時，他是真的該休息了。無須保力達蠻牛，無須白馬馬力夯。這時，孩子需要的是閉上眼、休息、睡覺。

疲勞駕駛在閱讀、寫字這條國道上，對專注力總是一種危害。硬撐下去，對於專注力並不是好事。

祕訣096

適度休息

專注力要持續下去，總是會耗費心力。而適度的休息，讓孩子的心力重新充電，才能常保持腦袋好的運轉。

孩子該如何休息？每個人不盡相同。**只要休息之後，能順利地銜接上後續該專注的活動，及持續維持該有的表現水準即可。**這一點，也在驗收著孩子的轉換性注意力表現。

祕訣097

睡飽了，才能專注

當孩子沒睡飽，或沒睡到剛剛好時，在精神狀況不好的情況下，要維持上課清醒的專注力真的很難做到。

什麼樣的睡眠才是好？不妨啟動你的敏銳觀察力，確認孩子的睡眠週期。每個人不盡相同，有的孩子是一個半小時一個週期，有的是兩小時一個週期。

並且，還要注意孩子起床時，是否正好符合他的睡眠週期的倍數。例如，一個半小時一個週期的倍數，乘以四等於六小時，或乘以五等於七個半小時。**最直接的觀察是，時間到了便起床，精神飽滿，沒有起床氣作祟。**

問題十八
如何讓孩子在期限內完成事情？

「天啊！現在都已經幾點了，你還在東摸西摸？功課寫完了沒？」小渝媽大叫。

「數學講義還剩第四十頁，另外還有查國語第十課生字。」小渝倒是回答得很淡定。

「你到底在搞什麼鬼？連澡都還沒洗，是不想睡覺了是不是？每次等著簽你的聯絡簿，老是拖到九點、十點，你隔天不用上學嗎？」小渝媽拉高嗓門數落著。

「好啦！我寫快一點就是了。你不要在旁邊繼續念，愈念我速度愈慢啦！」

「快？能快你不早就寫完了。一點時間觀念都沒有，對自己一點都不負責，你現在才五年級就這麼會拖，以後長大出社會該怎麼辦？」媽媽開始啟動碎碎念模式。

「哎喲！能不能不要再念了？我要寫作業啦！你先出去行不行？」小渝對於媽媽的嘮叨感到厭煩，這時才發現剛剛又漏看了前面的數字，心情不悅地拿起橡皮擦用力猛擦，把第四十頁的紙都快給擦破了。

說真的，也不能怪媽媽愛嘮叨。

長期以來，她要負責檢查孩子的聯絡簿。但小渝在寫作業這件事情上，總是無法有效控制時間，連帶的像是洗澡、整理書包、洗餐盒或準備明天的待辦事項等，也跟著拖延而一團混亂。這對於隔天需要準時打卡上班的小渝媽來說，簡直是無法忍受的事，包括她自己也得跟著晚睡，導致隔天上班精神不濟。另外則是孩子常無法在時間內完成事情，讓同時扮演職業婦女的小渝媽無法接受。

但無法接受，她又能奈何？媽媽心裡也焦急著。尤其望著孩子還在書桌前趕工，再抬頭看看牆上的時鐘時針指著十。她只能在一旁嘆氣、搖頭，心想：

「這孩子老是這樣拖也不是辦法。到底該如何讓小渝對時間敏感，讓她能夠在指定時間內完成事情呢？」

有效運用時間的祕訣指南

祕訣098 數字，讓專注力鮮活起來
祕訣099 設定截止期限
祕訣100 就是這時間
祕訣101 時間悠遊卡儲值
祕訣102 時間紅利點數
祕訣103 兌換喜歡的活動
祕訣104 內容設限

祕訣098

數字，讓專注力鮮活起來

試著明確地用「數字」來交代孩子事情，例如：「現在是晚上六點三十分。七點整以前，你需要完成這一張數學評量的十題計算題，請記得每題驗算兩次。」

有了數字，孩子就能夠更明確地知道要完成的目標。

秘訣099

設定截止期限

晚上十一點五十九分五十九秒，這常常是我給自己設定的一天的期限。當截止期限擺在眼前時，或許會讓人多了一些緊張或焦慮，但**適度的壓力，對於專注力的維持與表現仍然有其必要性。**

試著讓孩子知道清楚的截止期限，例如晚上七點整以前，把今天該完成的所有功課做完。讓孩子熟悉截止期限這件事，並隨時提醒自己距離截止期限還有多遠。在截止期限前，完成應該要進行的任務，確實掌握進度，可以為自己帶來成就感——一種使命必達，說到做到，我可以對自己負責，我能夠做得到的成就感。

秘訣100

就是這時間

為了讓孩子對於特定時間出現自動化的反應，**建議你，可以把一些例行事物的時間點固定。**

例如，起床時間一律設定在六點三十分，上學出門時間一律設定在七點二十分，晚上八點整前必須完成聯絡簿上的所有作業。就是這時間，當一次一次反覆進行，時間到，孩子就容易自動化地提醒自己。就像卡通時間一到，他自己會知道，倒垃圾時間一到，爸媽會知道一樣。

提醒，隨之而來的是自動啟動。

秘訣101

時間悠遊卡儲值

讓孩子來一場專注力儲值計畫，**為自己多省下來的時間累計儲值，以做為日後的休閒娛樂使用。**

例如，你和孩子事先約定好了，每次寫作業時間為一個小時。若孩子能夠在時間範圍內符合要求，寫完作業，比如這次只花四十五分鐘即完成，這多出來的十五分鐘可以累計儲值到孩子的「時間悠遊卡」上（你可以製作各式吸引孩子的卡片或紙卡記錄）。

當孩子每次多省下來的時間，累積至一定的時間長度後，可再轉換成孩子可以進行的休閒娛樂活動。

祕訣102 時間紅利點數

讓孩子知道，自己的時間是自己省得愈多、賺愈多。建議你，**可以提供「紅利點數」，以獎勵孩子努力為自己省下更多時間。**

你可以與孩子事先約定好遊戲規則，例如當省下來的時間累計到一定量時（比如三個小時），媽媽可以提供紅利點數，比如多給他半小時，以茲獎勵。

祕訣103 兌換喜歡的活動

當孩子累積了一定的省時時數後，可以**讓孩子知道，他的效率為自己多賺了許多時間。**而孩子可以運用這些時間，兌換自己喜歡的活動、想要做的事。

祕訣104 內容設限

當然，讓孩子兌換的活動，還是有一定的限制。

例如，當孩子要求將這些時間，全部拿來上網打怪或玩CS、SF槍戰等遊戲時，**請給孩子一個合理範圍，而不是讓他為所欲為。**就像在吃到飽的餐廳，仍然有些特定的食材會做限量供應一樣。

問題十九
如何才能讓孩子有時間觀念？

〈狀況一〉

「十分鐘到囉！電視可以關掉了，該去整理你的書包，刷牙、睡覺，明天還要上學。」柱媽提醒。

「我才剛看沒多久耶，再等一下啦！」阿柱目不轉睛地盯著電視，搞笑的橋段讓他噗哧地笑了出來。

「你有沒有在聽我說話？電視關起來，時間已經很晚了。去把該做的事做完。」柱媽不悅地強調。「都已經三年級了，什麼時間該做什麼事，別老是要我提醒。」

「再一下下就好啦！」阿柱說。

「一下下？你的一下下是多久？你現在抬頭看看時鐘，都已經幾點了？我再說一次，把電視關起來，有沒有聽到？」柱媽開始火氣上升。

〈狀況二〉

「媽媽，明天記得叫我起床。」阿柱在上床前說。

「你自己不會撥鬧鐘？」柱媽說。

「哎喲！就幫我訂時間會怎樣啦！記得要叫我喔！」阿柱耍賴。

柱媽總覺得自己像個祕書一樣，只要阿柱一開口，自己就得隨時記住待辦事項。也像個自動鬧鈴，得不時提醒他現在是幾點幾分。

〈狀況三〉

「媽媽，現在幾點了？」阿柱問。

「還有五分鐘就七點了。」柱媽回答。

「媽媽，現在幾點了？」阿柱又問。

「你在孵蛋是不是？哪有人蹲廁所蹲那麼久，動作快一點，已經七點二十分了。」柱媽忍不住催促。

「媽媽，現在幾點了？」阿柱再問。

「你不會自己抬頭看時鐘，都已經七點三十分了，再不出門就要遲到了！」柱媽沒好氣地說。

「媽媽，現在幾點了？」阿柱繼續問。

說真的，柱媽好想大叫：「不要再問我現在幾點了，自己看時間！」她一直很納悶是不是自己服務太好，幫孩子做太多，讓阿柱對時間變得太依賴。「這怎麼得了？我又不可能隨侍在側，像個行動祕書一樣提醒。」

柱媽嘴巴嘀咕著：「不行、不行。難怪總覺得阿柱好散漫，做起事情來，我怎麼看都不對勁，一點效率都沒有。才小學三年級就對時間這麼沒有感覺，以後怎麼辦？」

「媽媽，現在幾點了？」阿柱還在問。

有效運用時間的祕訣指南

祕訣105　找到專屬於自己的節奏

祕訣105

找到專屬於自己的節奏

專注力與時間之間，往往像是拜把兄弟一般，彼此交相影響著。時間管理有如和專注力跳一支舞，端看你是否能夠與孩子找到專屬於他的節奏。

具體來說也就是，**孩子能否清楚地知道，在一天裡，自己該如何把時間運用在當下對自己最重要、最需要或最必要的事情上，並完成目標。**

祕訣 106

準備計時器

為孩子準備一個計時器吧！**在書桌前或者孩子視線所及的地方，擺上小時鐘或計時器**，讓他隨時掌握自己花了多少時間寫作業，完成的進度有多少，幫助提升他對於時間的敏感度。

讓計時器在孩子常出沒的地方無所不在，走到哪，見到哪。或者，有時鐘相伴也行。

祕訣 107

使用沙漏

如果孩子正在進行有時間限制的事情，或許可以使用沙漏。**在沙子流動的過程中，讓孩子體會如何掌握時間的流動。**

你可以視孩子的需求，選擇三分鐘、五分鐘、十五分鐘、三十分鐘或六十分鐘的沙漏或沙鐘。

祕訣 108

猜時間

十分鐘有多久？二十分鐘有多長？每個人對時間的感受都不盡相同。

通常做自己喜歡的事情時，總是覺得時間過得很快。反過來，面對厭惡的事情，總容易覺得時間緩慢，難以忍受。

試著讓孩子**針對不同的事情，去感受時間的長度吧！**有了時間感的掌握，可以讓專注更美好。

祕訣 109

孩子，你那邊幾點？

你是否常發現，孩子總是嚷著：「媽媽，現在幾點了？」有時你會不耐煩地回答：「你不會自己看？」

沒錯，我們就是要**養成孩子自己看時間的習慣。**

「你那邊幾點？」從現在開始，換你問問看孩子吧！

祕訣 110

預估時間

洗澡要洗多久？寫數學評量要花多少時間？一次看完《借物少女艾莉緹》DVD需要多長時間？整理書包給自己預留多久時間？起床後到上學出門呢？五首唐詩背完呢？甚至於從書包裡把考卷拿出來呢？

對於所要做的事情，預估即將花費的時間，是一段需要反覆練習的經驗。能夠先估算、先拿捏好時間，孩子才有辦法在進行的過程中，隨時掌握做事情的進度與速度。

開始練習估算吧！無論準不準，先練習再說。

祕訣111

創造儀式

每到初一、十五，家裡有人會拜拜，初二、十六則換為做生意的人。或者每到星期日上午，有人可能會上教堂、做禮拜、上主日學等。要讓孩子的專注力被喚起，不妨在生活中多一些「儀式」。

也就是說，**讓孩子學習在固定的時間，到固定的地方，做固定的事**。當需要做的事情如同儀式般地結構化，孩子的專注與記憶就比較容易被喚起。

祕訣112

現在時刻，整點報時

在宜蘭新月廣場有個可愛的咕咕鐘「綠野仙鐘」，在整點時，時鐘會有六個可愛的小精靈：多力、雷、米克、蘇菲亞、拉拉和辛蒂出來伴奏。每回只要一聽到伴奏的音樂，附近的人們就很自然地提醒自己現在又是整點了。

回到孩子在專注力與時間敏感的訓練上，**在家裡，不妨也可以來個鬧鐘或計時器的整點報時**。或許沒有可愛的小精靈，但「現在時刻，晚上八點」、「現在時刻，晚上九點」，仍然具有適時提醒的作用。

問題二十

總是要不斷提醒孩子記得事情，怎麼辦？

「小揚，現在已經八點十分了，你還在東摸西摸。明天不是要考數學第七單元，你評量到底寫了沒？還有聯絡簿上，老師不是有交代要準備水彩及泡棉，你弄了沒？另外，你國語第六課的圈詞還有一半沒寫，你動作還不快一點！」小揚媽像行動祕書般，清清楚楚地交代今天應該要完成的事。

「媽媽，你確定明天是考第七單元，不是第八單元？」小揚問。

「嗯，奇怪，這是你的工作耶！你不去看聯絡簿，怎麼還要我去做確認？書又不是我在念，真是的。」小揚媽覺得很受不了。

「哎喲！媽媽，你記得就好了啊！反正我們兩個人只要有一個人記得就行。」小揚很理所當然地回應。

「你這孩子未免太依賴了吧！如果哪天我不在家，你要問誰啊？」媽媽說。

「我可以打電話問你啊！你只要手機有開著就行囉！」小揚笑著說。

「虧你還說得出來，你是有付薪水給我是不是？」媽媽反駁。

「薪水以後長大賺錢再付給你啦！但不能算利息。」小揚一派輕鬆地說。

小揚媽聽在耳裡，真的不知道該如何回答。

媽媽知道小揚這孩子說起話來很甜、很貼心。情緒嘛，也可以說是穩定，一笑起來就露出兩個酒窩，挺讓人喜愛的。唯獨這孩子的注意力和時間感，卻總是讓媽媽無法放心。

「問題到底出在哪裡？」小揚媽很想把這個疑惑弄清楚。「難道是我幫他做太多了？可是，如果不提醒，這孩子可就亂成一團了。只不過，我這個行動祕書到底要當到什麼時候呢？」

小揚媽知道有些小學一、二年級的孩子，早已經開始練習使用黃色便利貼，用自己會的注音或國字寫在上面，做為提醒自己的方式。但是這一點，已經是小三的小揚倒沒什麼經驗。

「小揚會提醒我早上六點半要叫他。但是為什麼他自己不動手設定起床時間？

『我現在要做什麼？』奇怪，這怎麼會問我呢？他自己翻開聯絡簿不就知道了。」

「這孩子前陣子老是在問：『媽媽，十二月二十一日世界末日是不是真的會發生？』世界末日記得這麼清楚，但是自己哪天要月考卻老是搞不清。這到底是怎麼回事？」小揚媽有些困惑了。「為了孩子的前途著想，我不能再當iPhone了。我應該讓小揚自己當自己的行動祕書，而不應該是我這無償的老媽來扮演。」

想到這裡，媽媽似乎知道該怎麼做了。

有效運用時間的祕訣指南

祕訣113 取回自我的提醒權
祕訣114 少女的祈禱
祕訣115 醒目的三角窗
祕訣116 電腦重組
祕訣117 在腦海中演練

祕訣118 隨手貼
祕訣119 隨時彙整
祕訣120 專屬行事曆
祕訣121 貼心的語音備忘錄
祕訣122 自創廣告語
祕訣123 自訂紀念日

祕訣113

取回自我的提醒權

孩子的專注力是否能夠維持好的表現，與孩子當下是否能覺察到「此時此刻」自己應該要做什麼，有著很大的關聯。當然，你一定跟他說了不知多少遍。但是，重點在於孩子是否也告訴了自己許多遍。

試著引導孩子練習自我提醒：「我現在應該要做什麼？」把提醒權回歸到孩子身上吧！

祕訣 114

少女的祈禱

運用特定的音樂，提醒孩子做特定的事情。就像一聽到主題曲，可以馬上讓人聯想到即將播出的卡通或連續劇。反應更快的，比如一聽見〈少女的祈禱〉，馬上會想到該是出門倒垃圾及資源回收的時間了。

要選擇什麼音樂，你可以和孩子討論，或讓他做決定。只要是他一聽見，馬上能夠喚起專注，做該做的事情就可以。

祕訣 115

醒目的三角窗

仔細觀察，你會發現許多便利商店或咖啡店常選擇以三角窗來做為店面。這多少傳達出一件訊息，在路口，醒目的廣告讓人可以一目了然。

專注力的原則也是這樣，**讓孩子試著把重要的事項或物品，放在醒目的地方。**常常望著，容易看見，在腦海裡也比較容易浮現。提取時，也比較可以快、狠、準。

祕訣 116

電腦重組

關於第二天即將進行的待辦事項，在睡前，讓孩子重新瀏覽一遍。使明日的流程儲存在腦海裡，雖然人已經睡著了，但如同電腦資料重組一般，隔天起床，孩子的印象會更深刻。

祕訣 117

在腦海中演練

當孩子清醒時，試著要他將今天的待辦事項，隨著進行的優先順序，在自己的腦袋瓜裡梳理一遍。讓腦海啟動這些畫面，一幕又一幕，重複再重複。一回生，二回熟，讓不斷演練來加強印象，減少遺忘。

祕訣 118

隨手貼

我們有時都太相信自己的記憶了，認為聽過之後，一定可以記得剛才對方所交代的事。但請試著讓3M隨手貼發揮作用吧！幫助孩子試著去習慣，**將待辦的事情或突發奇想的靈感，記在便利貼上。**

祕訣 119

隨時彙整

讓孩子**養成習慣，定時將隨手貼的內容重新篩選、過濾，整理至筆記本中，**並且適時地翻閱檢核，讓自己有備無患。

祕訣120

專屬行事曆

上班族常常會隨身攜帶一本行事曆，以隨時提醒自己當下及接下來的待辦事項。那孩子呢？不妨也讓他養成隨身攜帶的習慣。

有些事，用抱怨的改變有限，直接動手卻改變無限。若你的孩子已經具備書寫的能力，請發揮舉手之勞，順手**給孩子一本屬於他自己的行事曆**吧！至於哪種行事曆比較好，可以由孩子自己選定。

祕訣121

貼心的語音備忘錄

遇到需要記錄事情，臨時卻找不到紙、筆或不方便書寫時，**手機裡的語音備忘錄也是一種貼心的提醒**。如果家中的青春期孩子已經開始在使用手機了，建議你和他分享這項功能。

另外，你可能也注意到了，有些小學的孩子早在爸媽的手機裡發現了這項錄音功能，有時還玩得不亦樂乎。

祕訣 122

自創廣告語

「來愛買，最划算」、「購物大潤發，滿意笑哈哈」、「天天都便宜，就是家樂福」，這些廣告詞，是否總是讓你耳熟能詳？沒錯，一句強而有力的廣告語，經過反覆地不斷播送，若再加上文字的意義與你所接觸的經驗相聯結，便很容易讓人記起來。孩子的專注力訓練也是同樣的道理。

試著和孩子腦力激盪，對於平時該做的重要事情，可以如何用一句口號，像廣告一樣讓自己記起來。例如：「功課先做完，放心好好玩！」

藉由孩子不斷地自我強調，而不是你的囉嗦嘮叨，經過一段時間的自我對話後，就容易形成孩子的內在想法，而透過自我提醒並實際執行，將有效取代拖延及逃避的機率。

祕訣 123

自訂紀念日

你和孩子可能會記得這一天，二〇一二年十二月二十一日，世界末日是否會到來？當然，在你看到這一段時，世界還是繼續在運轉。在這古馬雅曆法結束的日子，網友們kuso地用「是芥末日」取代「世界末日」，也讓人印象深刻起來。

回到專注力的加強上，我們也可以**和孩子一起來訂一些特別的「紀念日」，成為令他印象深刻的日子。他可以在這屬於自己的日子裡，預先排入當天要做的事，並且不時提醒自己**，就像孩子總會記得在他生日那天提醒爸爸媽媽一樣。

第六章

專注力與整理效率

提升整理效率

對於注意力渙散的孩子，混亂，幾乎成了他的沉重包袱（雖然他可能覺得自己的負重能力很強）。俗話說「亂中有序」，但很抱歉，通常「亂」有，但「序」沒有。「媽媽！」「媽媽！」「媽媽！」通常在一陣陣尖叫聲之後，你就得使命必達，像搜索隊一般，負責在深山裡幫孩子找出他要的東西。

好吧，你拒絕接受這項搜索任務。換手，讓孩子自己來。

漂亮！這本來就應該是孩子該負的責任。

搜索開始，時間總是在找東西之間悄悄地流逝——孩子的時間還是比較多，沒什麼感覺。

這不是一場好玩的遊戲。想玩躲貓貓，和小朋友玩就可以；和物品玩，那就算了，因為會玩很久，久到把心都搞紛亂了。你看哪個人找不到東西，還能夠優雅的？

我常說：「專注力是一種良好習慣的建立。」關於這一點，在日常生活中整理自己分內的事物，更是如此。

當孩子對於貼身的書包無法駕馭，任由它亂成一團，那就更難想像其他物品會如何流落異鄉。

別忘了，始作俑者還是他自己。

該是透過有效的整理及「斷、捨、離」，讓孩子勤練專注力了。幫助他學會以最短的時間，最快的速度，以迅雷不及掩耳之姿，乾淨俐落地將東西就定位、把東西找出來。

問題二十二
如何教孩子整理書包？

「媽媽，我的校外教學通知單放到哪裡去了？」阿勝焦急地叫著。

「嗯，你也真好玩，通知單放到哪裡怎麼會問我？不是你自己放在書包裡的嗎？」阿勝媽說。

「可是我找不到啊！你快點來幫我找啦！今天晚上家長要簽名，明天要交給老師啦！」阿勝又叫。

「啊你不就一個書包，自己不會仔細翻一翻。」媽媽似乎還沒有出手幫忙的意思。

「哎喲！我已經找很久了，快點幫我找啦！」阿勝催促著。

「你有沒有把通知單帶回來？」媽媽問。

「有啦！」阿勝回答。

「有沒有夾在聯絡簿裡？」媽媽再問。

「我翻過了，沒有啊！」阿勝說。

「會不會夾在數習或講義裡？」媽媽繼續問。

「沒有，就是沒有！」阿勝大叫。

「你這孩子也真是的，連一張通知單都收不好，以後長大還能負什麼責任？」媽媽叨念著。

「你很囉嗦耶！快點幫我找啦！」阿勝生氣地大喊。

「自己收到哪裡忘記了，還在嫌我囉嗦，不然你自己找，校外教學又不是我要去。」媽媽也動氣了。

「快點啦！」阿勝再次催促。

「媽媽搜索隊」總算出動了，但是……「我的天啊！你的書包像什麼樣？怎麼亂成這樣，你是把它當成資源回收包啊！難怪每次東西都找不到。課本、講義、習作、聯絡簿也不好好整理好。你看，這張評量被塞成什麼模樣？快像根油條了。鉛筆、橡皮擦、尺也不好好放回鉛筆盒……」阿勝媽一邊翻著書包，一邊抱怨著。

「哎喲！你不要再念了，囉哩囉嗦的，快點幫我找出來啦！」阿勝索性將整個書包倒了出來，只見桌面像杯盤狼藉般散成一團，連零用錢、彈珠也都滾了出來。

阿勝媽不禁搖著頭，「唉！你的習慣還真差。一個書包都照顧不好，每天都浪費時間找東西。我看真的應該要找個時間好好來教你如何整理書包。不然，以後一定又是『媽媽，我的○○在哪裡？快點幫我找一找！』。」

「你到底找到了沒啦？」阿勝問。

提升整理效率的祕訣指南

祕訣124 讓物品回家
祕訣125 快取學習單
祕訣126 睡前做好書包檢查
祕訣127 一卡皮箱走天涯

秘訣124

讓物品回家

讓孩子懂得一件事：每個物品都有屬於它自己的家，無論是套房、雅房、公寓、透天、華廈、別墅，還是豪宅。

當然，**孩子一定要記得這些物品的家在哪裡，對於它們的「地址」一定要清楚而熟悉。**當東西拿出來之後，不再使用了，最好的方式是讓它們馬上回家。

秘訣125

快取學習單

你是否有算過，孩子從書包拿出一張通知單或學習單所需要花費的時間？

一起動手和孩子玩這個遊戲：請用最短的時間，從書包把指定的學習單拿出來。或者，你也可以觀察孩子拿出聯絡簿所需花費的時間。

這件事是否能有效率地完成，往往牽涉到孩子放置物品的習慣。

你也可以試試看，算算自己從袋子、包包或口袋裡，拿出悠遊卡的時間需要多久。倒數七秒，試試看如何？

祕訣 126

睡前做好書包檢查

無論對大人或孩子來說，睡前的時間，總是比第二天早晨上學前充裕些。讓孩子逐一核對，依聯絡簿上所需攜帶的物品及隔天上課的內容，將書包整理妥當就定位。

請記得，**隔天上學時，直接將書包背上出門，不要再動書包裡的東西，以免東西拿出來後，又遺忘在一旁。**

祕訣 127

一卡皮箱走天涯

你是否發現孩子常常如此——該帶出去的東西卻忘記帶，或帶出去了卻忘記帶回來，特別是當他手中總是需要一包、兩袋、三包、四袋隨身攜帶時。一旦外出攜帶的東西愈多包、更多袋，丟三落四的情況就更容易出現。

試著讓所有的東西都回歸到一個書包裡，頂多外加一個袋子。

一卡皮箱走天涯，隨身攜帶的包包或提袋愈簡單愈好，以預防太多提袋後遺症，導致該帶的未帶，不該帶的卻帶出門的窘境。

問題二十二
孩子總是找不到東西，怎麼辦？

「媽媽，你有沒有看到我的膠水？我找不到啦！」光輝急得翻弄著書包，抽屜開開關關，往內探頭查看，還是找不到現在勞作正要用的膠水。「媽媽，快點幫我找一找啦！是誰把我的膠水拿走了？我明明有帶回來啊，怎麼不見了！」

「是誰？我們家有誰？我還鬼哩！每次叫你把東西收拾、整理好，就只會說等一下、等一下。這下好了，膠水找不到，我看你用什麼東西來黏。」媽媽回應。

「那有沒有釘書機？」光輝問。

「你還在問我有沒有釘書機？這些文具用品我買了多少給你，你有沒有算過？活該，找不到最好。」媽媽說。

「媽媽，趕快幫我找啦！我明天要交勞作，快一點！」光輝繼續催促著。「誰叫你不多買一些備用？害我現在要用都找不到。」

「多買一些？你以為家裡是在開全聯還是家樂福？東西亂扔一通，買再多也沒用。」光輝媽這回真的不想再管他。

「怎麼辦？到底要不要幫他找？可是這樣也不對啊！那是孩子自己的責任，怎麼會變成我這老媽子在幫他找，要幫他找到幾歲？」媽媽被光輝一直催促著，心裡有一些動搖。「忍住，這回一定要忍住。再幫他找，我看以後就沒完沒了。如果我真的替他著想的話，這孩子一定要為自己的行為負責。」

媽媽自言自語著：「不過這孩子也真是的，總是丟三落四，個性真的跟他老爸好像。每天單單撿東撿西，如果拿去Yahoo!奇摩拍賣，不知道可以賺多少錢。

「就像回到家，襪子一脫就隨性往地上一扔，老是跟我說『等一下』。他爸爸還在給我扯後腿說：『小男生都是這樣，別斤斤計較嘛！』什麼小男生？我看他這個老男人也是一樣。這家裡，如果不是我三不五時地在整理，不知道成了什麼樣。

「我想重點不在於像光輝講的怎麼不多買一些備用。重複性的東西愈多，只會讓家裡更凌亂，找東西只會更耗費時間。人家不是常說『少即是多』，這句話我相當認同。」

念歸念，光輝媽還是會擔心孩子生活散漫的模樣。「如果沒有好好地改善，幫他建立一些好習慣，以後光輝這孩子真的會吃虧。等變了樣，就真的很難想像了。」

想到這裡，光輝媽不禁捏了一把冷汗。

提升整理效率的祕訣指南

祕訣128 不落地政策
祕訣129 迴避三不管地帶
祕訣130 物的社區
祕訣131 使用顏色區隔
祕訣132 遮蔽與展示的選擇
祕訣133 塑膠籃裝作業
祕訣134 巧用封口袋
祕訣135 少即是多
祕訣136 掌握「有多久沒使用了」
祕訣137 去蕪存菁
祕訣138 依世界地圖擺放

祕訣128

不落地政策

你常常會發現孩子總是將手中的物品隨手一扔，像是脫掉後應該丟在汙衣袋的臭襪子，或是放學後隨手一放的便當盒。

「等一下」，這句耳熟能詳的話常出現在孩子的口中，也不知不覺地侵蝕著孩子在生活上的專注力。「等一下」，我想如果你沒有再積極催促，大概會等到天荒地老，這些該就定位的東西，永遠回不了家。

請讓孩子知道，並徹底執行不落地政策。**沒有「等一下」這回事，東西不落地，請各就各位**。東西可以亂，但東西不能找不到。東西可以亂，但不能亂擺亂丟惹人煩。

祕訣129

迴避三不管地帶

別讓孩子把文具、玩具、課外讀物和上課書籍摻雜在一起，變成三不管地帶，而讓他自己忘了當下應該要做的事。

物品混雜時，往往容易讓孩子的專注力，受到不相關刺激的吸引而分散。

例如，同一個書櫃裡什麼東西都有，結果他原先要拿數學課本，到後來卻被一旁的《海賊王》魯夫小公仔吸引；翻翻國語課本，又把一旁一系列的尋寶記漫畫拿出來看。

祕訣130 物的社區

讓孩子練習把每個物品依類別分開放，就像社區概念一樣。**文具一個社區，玩具一個社區，課外讀物一個社區，上課的課本一個社區。社區與社區之間，最好楚河漢界區隔清楚。**

祕訣131 使用顏色區隔

為了讓孩子有效分辨訊息，你可以嘗試以顏色來區隔。例如，書櫃選擇白色系列，將書擺放在這潔淨的白色櫃子裡。玩具櫃選擇紅色系列，將自己的公仔、玩具、貼紙等放在這熱情的櫃子裡。另外，選擇黑色衣櫃，提醒自己將衣物存放在這烏鴉鴉的櫃子裡。

以上的顏色只是舉例，你當然可以和孩子自由選擇容易區辨的色系。**以顏色來讓物品各就各位，以增加孩子搜尋與提取的效率。**

祕訣132

遮蔽與展示的選擇

櫃子裡的物品到底是要用布或木門遮住？還是要讓它外露讓孩子看見？**這關係到孩子的「選擇性注意力」的表現。**

如果眼前這些東西並非時常在使用，或者有總是容易引起孩子分心的玩具或其他刺激物，這時，遮蔽會是比較好的選擇。

如果某些物品需要讓孩子熟悉擺放的位置，以增加日後提取的速率，例如書本或作業，建議你選擇讓孩子常常能看得見的展示方式，以讓他熟悉東西放在哪裡。

祕訣133

塑膠籃裝作業

你總是感到頭痛，孩子的課本、作業、評量、考卷、鉛筆和橡皮擦等，每次在寫作業時都掉滿地，東擺一個、西放一個，每回單單在找這些物品，就不知不覺耗費了許多的時間與心力。

給他一個塑膠籃吧！讓孩子在寫功課前，翻開聯絡簿，把今日要完成的作業與所需物品，全部丟入這個籃子裡，讓這些必備物品全都無所遁形。

祕訣134

巧用封口袋

若你發現孩子總是容易讓小東西四處流浪，這時，**運用封口袋來分裝這些小物品，在保管上比較方便，也比較乾淨俐落。**

我自己習慣用兩種封口袋，其中，五號（0.04X140mmX100mm）常拿來裝較小的物品，例如零錢、發票或鑰匙等。另外八號（0.04X240mmX170mm）裝一本書或一片DVD外出剛剛好。你也可以試著找出符合孩子需求大小的封口袋。

祕訣135

少即是多

少即是多。簡單、少量，對於物品的搜尋就有助於精準許多。

有時東西太多，會造成視覺搜尋的困難，讓孩子花費許多時間在搜尋上面。

給孩子一個觀念，「舊的不去，新的不來」。**在每一個新的物品加入之前，先思索一件事：原先的舊東西該如何處理**（哎呀！真是難分難捨）。

祕訣136

掌握「有多久沒使用了」

你可能會發現，在孩子的桌面上總是擺放著許多不必要的物品，而且一擺就像放了防腐劑一般，不太去動它。

或許，你可以做個小測試，在桌上選個不必要的物品，例如已用完的膠水，並貼上日期標籤。接著，你可以看看，這瓶不能再用的膠水擺到哪一天，才會被孩子發現、處理並丟棄。

讓孩子知道他已經多久沒碰它了，它在那裡占了多久的位置。不必要的東西，總是無謂地耗損孩子搜尋的品質。

祕訣137

去蕪存菁

有些孩子總喜歡留下許多已經沒有辦法再使用的筆。而這些捨棄不掉的筆，就鳩占鵲巢般地塞滿整個鉛筆盒、筆袋、筆筒或抽屜。每回只要想拿一枝可以寫的筆，往往不知不覺就耗掉孩子許多時間，一試再試，不斷地檢查有沒有水、可不可以寫。

請讓孩子一口氣開始檢查所有的筆，並且試著牙一咬，二話不說，把已經壞了、沒水了、不能寫的筆一一丟掉。去蕪存菁，留下所有可以使用的筆。到時候無論孩子拿起哪一枝筆，都可以立即動手書寫。

秘訣138

依世界地圖擺放

東西該如何分類，沒有標準答案。但是，**你可以找到屬於自己的，最適合搜尋並快速提取的方式。**

和你分享我先前的例子。多年來，我持續有收藏電影DVD的喜好，而當收藏數量一多，如何擺放及順利提取就成了一個挑戰。

由於我熟悉世界地理的概念，因此，當時擺放的方式是將電影DVD照國家別，按五大洲的方式，依位置排列，以讓自己能夠快速找到所要觀看的電影。

例如，正前方如果是中東伊朗，這時印度電影就開始往右下放，中國電影就往右上，陸續再往右，再從上至下是日本、韓國、台灣。同樣地，歐洲電影依序向左，從北歐的瑞典、丹麥、挪威，到東歐的俄羅斯，再往左是中歐的德國、西歐的法國，下方再擺南歐的義大利、西班牙等電影。英國和美國好萊塢電影則獨立放在不同櫃等。地圖就在我腦海裡。

我想，你和孩子一定也有屬於自己的，不同物品的不同存放方式。無論是文具、玩具、教具或書籍，都請和孩子共同腦力激盪，發展出最適合自己的模式吧！

問題二十三
孩子的玩具老是亂成一團，怎麼辦？

「買這麼多玩具幹嘛？玩了以後也不會練習收一收，散得到處都是。每次還不都是我這個家政婦在收拾、整理？乾脆把它們全部都捐出去算了，省得我麻煩。」Harry媽邊整理邊抱怨著。

望著手上的兩台微笑號迴力車，她邊搖頭，邊喃喃自語。

「每回都只會叫我找找找，拜託，家裡還有一個人叫爸爸，為什麼不找他？只會折騰我，以為我在家都沒事做，只負責收、負責找。奇怪，明明一模一樣幹嘛還吵著買？唉！找不到就只會吵著再買最快。」

「收拾有這麼難嗎？一次玩一個有這麼難嗎？為什麼那麼難教？都已經是大班的孩子了，到底幼兒園裡有沒有在教啊！」Harry媽邊收拾散在地上的拼圖，邊抱怨。「哪有人拼圖這麼扔的？到底拼圖是拿來拼，還是讓我四處找？每次少了找不到的那一塊，才在那邊哭、那邊叫。」

「哎呀！還好我只生了Harry這一個。實在是很難想像，家裡生了兩、三個小孩的媽媽是怎麼當的。特別是那種兩個男生、三個男孩的，玩具到底怎麼收拾？唉！想想就讓人冒冷汗。」Harry媽索性把手上的哆啦A夢拼圖拼了起來。

「嗯，不對ㄟ。玩具是Harry在玩，現在怎麼會變成我幫他整理、幫他收？我會不會幫他做太多，讓他變得太依賴了？難怪他總是理所當然地認為，找不到玩具叫媽媽是很自然的事。嗯，找不到還會被他踢、被他搥打耶！哎喲，我這做媽的真是做得太超過了啦！不行、不行。」Harry媽一把一把地將樂高積木抓回桶子裡。剛剛不小心踩到時，她還痛得差點叫了出來。

Harry媽一直在想，自己除了抱怨外，對於孩子不收拾玩具這件事到底在煩惱什麼？是孩子沒有盡該負的責任？是習慣怎麼沒建立好？找不到東西，除了浪費時間，是否也暗示了孩子的注意力不好？

提升整理效率的祕訣指南

祕訣139 劃分玩具特區
祕訣140 香料廚房的聯想
祕訣141 分類好尋找
祕訣142 好神在在，物歸原位

祕訣139

劃分玩具特區

玩具總是容易吸引孩子的目光。當玩具在家裡任意四處遊走、旅行時，孩子的專注力也很容易隨著就飄走。

如果你家裡的房間允許的話，請讓孩子的玩具有個空間吧！**讓玩具留在特區，要玩就在這裡。玩具要出特區？很抱歉，先通關經過爸媽允許再說。**

秘訣140

香料廚房的聯想

在宜蘭員山的「香料廚房」喝下午茶，有個遊戲規則，除了少數限點一次的東西之外，法式吐司、沙拉、鬆餅、手工現烤派、法式焗烤三明治等點心，皆無限量供應。但你眼前只有一個盤子，每道點心吃完之後，會再為你送上另一道。前提是，你要先把盤子裡的點心都吃光。

這讓我聯想到，當孩子每次使用東西或玩玩具時，都是一窩蜂地拿出來，且東玩一下、西碰一下，就像試吃大會一樣。面對滿坑滿谷的物品刺激，注意力的持續性總是斷斷續續。

這時，你可以發揮這套規矩：**每次玩一個，玩好了，收起來，再拿下一個。無論孩子每個玩具玩多久，就是只能玩眼前這一個。**就像從書架上拿起一本書，看完後要先放回原位，才能再取下一本書閱讀。

秘訣141

分類好尋找

將玩具依照屬性，或自己熟悉的方式分類。

例如，娃娃屋、玩偶、布偶、填充娃娃、塑膠動物和公仔等歸一類，扮家家酒等廚房遊戲、鍋碗瓢盆、塑膠水果與食物等玩具歸一類，樂高和積木等建構玩具歸一類，汽車、火車、迴力車跟軌道等交通工具歸一類，繪畫、藝術及黏土等歸一類，繪本、CD及說故事等教材歸一類，棋奕及桌遊等歸一類。

重點是，讓彼此都比較好收拾，比較好尋找。雖然，常見的是大家習慣統統都塞進大型塑膠收納箱裡，結果就是東西也許都在那裡面，但你總是得找很久。

祕訣142

好神在在，物歸原位

你可以試著透過照相的方式，將所有歸定位的玩具拍好照片。平時，讓孩子熟悉這些照片內容，以加強印象。必要時，讓他依照片，將玩具收拾歸定位。你也可以和他玩起「好神在在」將物歸原位的遊戲。

先請孩子記住櫃子裡的玩具或物品位置，隨後將這些物品取出。一段時間後，再請孩子將這些玩具或物品，如同神明一般把祂們請回原來的位置擺放。請記得，要是把神明放錯了位置，祂可會瞪你喲！

第七章

專注力與感官訓練

提升五感專注力

孩子不是張開眼睛、拉長耳朵，就能夠自然而然地啟動他的「集中性專注力」。

其實，我們都沒有好好善待我們的感官，總是讓它們處於休眠狀態。除了偶爾啟動視覺與聽覺開關之外，其他像觸覺、味覺、嗅覺則常常被設定為靜音、改成震動，或幾乎忘了它們的存在。

每個孩子擅長的或所需要加強的集中性專注力，都不盡相同。

有些孩子，視知覺與視覺專注力很敏感或相對較弱，這可能反應在視覺辨識、搜尋、掃描、視覺理解、視覺記憶或視覺空間能力等方面。

同樣地，有些孩子則在聽知覺與聽覺專注力有不同的表現——這可能反應在聽覺覺察、分辨聲音、辨位、聽覺理解或聽覺記憶等方面。

先不要被眼前的這些專有名詞嚇到了，其實，讓感官啟動是很自然、有趣、親近、唾手可得及容易進行的遊戲，只要你記得喚醒它們。

點個名吧！別再讓它們沉睡了。大聲報數：1.視覺；2.聽覺；3.觸覺；4.味覺；5.嗅覺。

摩拳擦掌，使「五感」各就各位，讓集中性專注力準備好好發揮。

無論是在室內或戶外，無論是靜態或動態，試著讓視覺、聽覺、觸覺、味覺和嗅覺等，一起和專注力「玩」在一起，相互成長、相親相愛。使得孩子的生活，因為專注而變得更精采。

問題二十四
孩子的視覺專注力很差，怎麼辦？

「Sam，你不是想看這本《一直一直往下挖》嗎？」

「對啊！可是我剛剛在書架上一直找不到。」

「嗯，你眼睛這麼大，怎麼會找不到？你以為我們家是誠品書店啊！書沒那麼多，哪會找不到，我看是你沒有認真在找。」

「Sara！Sara！你到底還要不要做拼圖？不要每次都玩一半就扔在那裡。」

「媽媽，我不想拼了，好難喔！我都找不到我要的那一塊。」

「ㄟ，你也很沒耐性耶，不仔細找，哪會拼得好？跟你哥哥一樣，每次都只會說找不到。我看你們兄妹倆的眼睛只是長來好看用的，找東西有那麼難嗎？就是幫你們做太多了啦！下次要找什麼就得自己來。」

「媽媽，手機能不能借我？」
「幹嘛？」
「我寫心得要查生字。」
「嗯，哪有懶成這樣的？你是不會用字典查喔！」
「哎喲！用手機查比較快，不然你直接跟我講也可以。」
「Sam，用點腦筋好不好？不然用點眼睛也可以。」
「媽媽，手機快一點借我，不要再說什麼腦筋、眼睛了。」
「Sara，媽媽去家樂福幫你買了那麼多練習本，也沒看你在寫、在畫，你是擺著好看喔？」
「我又沒有說我要買。」
「嗯，拜託，難道這些連連看、塗顏色和走迷宮，是要給我或爸爸做喲？」
「你們要做也可以啊！」
「ㄟ，這是為你好耶！」
「有什麼好？」
「Sara，就是好在……」媽媽一時語塞說不出話來。「哎喲！反正等一下你去拿筆來做就對了，不要問那麼多。」

為什麼幫Sara買這些練習本？說真的，媽媽自己也不太清楚。只是逛大賣場時，剛好看見其他媽媽在這些練習本的架子前挑選，並在聊說什麼對專注力有幫助，她想想，好像也該幫大班的Sara找一些來做做，好訓練專注力。

提升五感專注力的祕訣指南

祕訣143 依樣畫葫蘆
祕訣144 連連看
祕訣145 走迷宮
祕訣146 畫路線圖
祕訣147 熟悉豬尾巴與象鼻子
祕訣148 拼圖——視覺辨識
祕訣149 拼圖——從局部想到整體

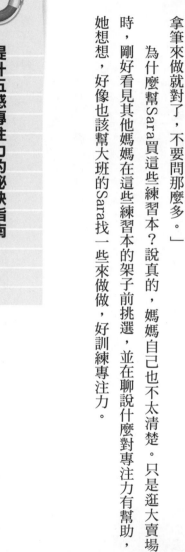

祕訣150 字母搜尋
祕訣151 查字典
祕訣152 尋找一本書
祕訣153 郵遞區號快找
祕訣154 轉動地球儀
祕訣155 威利在哪裡？
祕訣156 萬綠叢中一點紅
祕訣157 大家來找碴
祕訣158 虎視眈眈
祕訣159 單眼皮女孩在何方？

祕訣143

依樣畫葫蘆

視覺，在孩子的專注力練習中占了很大的配額。

你可以透過紙筆，針對孩子的視覺辨識及精細動作能力，讓他依樣畫葫蘆，**練習仿寫**、**仿畫**、**模仿**、**臨摹**。不妨從簡單的線條、形狀開始，逐漸改變複雜度，變成字母、生字或圖案，再比較彼此的相似度。

秘訣144

連連看

「連連看」這款簡單的紙筆遊戲，是提升孩子集中性注意力的基本練習之一。

將紙上的數字，用筆依序連結起來。主要視數字之間位置的複雜度，及所欲連結數字的量，而會增加視覺搜尋的難度。

上網Goolge一下，選擇圖片，輸入關鍵字「dot to dot」，你將會找到許多可以參考的練習範本。

秘訣145

走迷宮

走迷宮，如同大人在路上開車一般，**從起點至目的地，除了需要專注力與方向的判斷之外，過程中，更是一場孩子解決問題能力的訓練。**

上網Goolge，選擇圖片，輸入「maze」，也有許多複雜程度不一的迷宮等著你。

秘訣146

畫路線圖

拿起紙筆，給孩子一個出發點和目的地，試著讓他開始練習畫出路線圖。例如，以家裡為起點，學校大門口為終點。讓孩子透過這個過程，在腦海裡，不斷地回溯、整理、思考、判斷一些細微的脈絡。經由動手畫出路線圖的方式，讓孩子腦中的認知地圖更熟練。

祕訣 147

熟悉豬尾巴與象鼻子

提升視覺專注力有個方式，**試著了解及區辨每個事物的關鍵特徵。**例如長頸鹿的長脖子、大象的長鼻子，以及小豬的鼻子或尾巴、鴨子的嘴巴等。

在這個練習中，你可以試著問孩子：「長脖子讓你想到什麼？」「看見什麼特徵就會讓你猜到是豬？」等。

當孩子熟悉這些事物的關鍵特徵後，反應便相對地提升了。當然，可不能看到整顆豬頭，才知道那是頭豬喲！

祕訣 148

拼圖——視覺辨識

拼圖，可以說是一般學齡前幼兒及接受早期療育的孩子，常常會接觸到的練習之一。到幼兒園或大賣場逛逛，你就知道我所說的意思。

拼圖通常可以區分為兩種呈現的方式。

一種是**常見的正方形或長方形拼圖框。在這類拼圖中，孩子的挑戰，主要在於拼圖上的圖案辨識、複雜度及拼圖片數等。**過程中，針對顏色、線條、形狀、方向或位置等，孩子需要能夠充分運用自己的視覺辨識力。

在這項活動中，集中性注意力與持續性注意力，也決定著孩子是否能夠順利完成拼圖。當然，手眼協調、精細動作及挫折忍受力，也是影響因素之一。

祕訣 149

拼圖——從局部想到整體

另一類拼圖，則主要以**從局部想到整體**為主。例如，將一隻鴨子的圖案，依輪廓裁成數等份，接著在打散之後，由孩子來練習拼湊。

在拼圖的過程中可以發現孩子是否能夠專注地從局部（例如鴨頭）馬上辨識出，眼前所要完成的整體圖案為鴨子。

祕訣
150

字母搜尋

「字母搜尋」的難度，比連連看來得複雜些。搜尋的速度與正確率，與孩子對所要找的英文單字是否熟悉有很大的關聯。

過程中，不相干字母的干擾，也在挑戰著孩子的「選擇性注意力」——**是否能夠專注在應該搜尋的單字上，而排除不相關刺激的干擾。**

上網Goolge，選擇圖片，輸入關鍵字「word search」，你可以順利找到許多可參考的教材。

祕訣
151

查字典

查字典？沒錯。**當孩子開始練習翻閱字典的剎那，視覺搜尋的注意力已經開始在運作了。**

「搜尋」比較的不僅是持續性，慢慢查雖然優雅，但查字典講求的還是速度優先。

孩子能不能在最短暫、最經濟的時間裡，快速地找到自己所需要的字詞，這還是要有技巧的。例如，當查出該字是在第三百五十六頁時，孩子可能不適合一頁一頁慢慢翻，而是能否一次一百、一百跳著翻。當然，功力高超些，能夠直接翻到接近第三百頁的話更好。

查字典，還是要練的。

祕訣152

尋找一本書

生活中，處處是搜尋的機會。

「請幫媽媽去書架上，找那一本《301個過動兒教養祕訣》。」找書，搜尋，是需要一些技巧與策略的，尤其是，若你期待孩子能在第一時間就把你要的那本書找出來。

面對眼前一排一排直立的書，可以**提醒孩子在搜尋時，視線要擺在什麼位置或高度，同時考慮是否需要運用自己的食指進行搜尋輔助。**

別小看「找一本書」，有時它可能會花費孩子許多的時間與力氣。不然，你試試。

祕訣153

郵遞區號快找

拿起標準信封，翻到背面，和孩子來玩一場快速尋找郵遞區號的遊戲。一個人負責唱名，一個人負責尋找。例如，「員山」—「264」、「麻豆」—「72

1」、「鹿港」—「505」、「池上」—「958」等。
如果孩子要加快搜尋速度，他必須要先知道員山、麻豆、鹿港、池上位於哪個縣市。

祕訣154

轉動地球儀

拿出家裡的地球儀，或翻開世界地圖，開始和孩子來一場環球跳躍旅行。**這是一場視覺專注力的搜尋練習，當然，也和孩子對於地理、空間和國家的認識程度有關。**

由你負責唱國名，讓孩子來尋找。

例如，指出「荷蘭在哪裡？」「不丹在哪裡？」「象牙海岸在哪裡？」「新加坡在哪裡？」「紐西蘭在哪裡？」

還可以進階一點，改和孩子玩尋找城市。例如，指出「威尼斯在哪裡？」「新德里在哪裡？」「京都在哪裡？」「約翰尼斯堡在哪裡？」「巴爾的摩在哪裡？」

當然，拿出台灣地圖來找也可以，猜猜這些地名在哪裡。

祕訣155

威利在哪裡？

運用《威利在哪裡？》（Where is Wally?）這套系列繪本，讓孩子在茫茫人海中，以最快的速度練習找出威利吧！

當然，**在進行這項搜尋練習之前，孩子應該先知道一件事：威利到底長什麼模樣？**

請不要小看這項提醒。有些孩子還真的是一拿到圖片，問也不問威利長什麼模樣，就開始不假思索地找了起來。等花了一大段時間遍尋不著後，才突然想要到問：「威利是誰？」「威利長什麼模樣？」

祕訣156

萬綠叢中一點紅

在滿滿的綠豆中，丟入一些紅豆混在其中。嗯，接下來，孩子得非常仔細地將這些誤入綠叢林中的紅豆救出來。

紅豆是否能夠被孩子順利救出？這就需要他的**視覺搜尋與辨識**的真功夫了。

祕訣157

大家來找碴

電影《寶米恰恰》中，描述一對只差五分鐘出生，身高一樣、體重一樣，連經痛程度都一樣的雙胞胎姊妹張寶妮與張米妮。兩人就讀同一所高中、不同班、但又參加同一籃球校隊，在校園裡總是被誤認為是同一人，甚至於讓追求的男同學發生「那些年，我們一起追……錯……的女孩?!」的糗事。

沒錯，正是要教你**和孩子來玩一場「大家來找碴」的遊戲，就像在遇見同卵雙胞胎時，需要專注地區辨他們彼此的差異。**

試著上網Goolge，選擇圖片，輸入關鍵字「difference game」，你會找到可以參考的相似圖片。

這種辨識的功力，可關係到日後是否能夠區分真品與贗品、正版與盜版、原版與山寨版喲！

秘訣158

虎視眈眈

和孩子來玩一場「兩眼對看，不能露出微笑」的眼神注視遊戲吧！

遊戲可採三戰兩勝的方式，誰露出微笑，就失一分，**看誰的視覺專注及自我控制能力佳。**

過程中，如果搭配上電影《洛基》第三集，由生存者合唱團（Survivor）演唱的主題曲〈虎之眼〉，將更有雙方對決的比賽氣氛。

秘訣159

單眼皮女孩在何方？

這是一場眼神注視及視覺搜尋的專注遊戲，過程中，**搜尋者必須在團體裡，找出哪些同學是單眼皮**（ㄟ，你不要一直盯著人家看好不好？沒禮貌），並在一定的時間裡，看誰找得多。

當然，你也可以將遊戲複雜化。例如，搜尋者必須找出眼睛一單一雙的同學，或者找出單眼皮女孩和雙眼皮男孩。

問題二十五
孩子的聽覺專注力很差，怎麼辦？

美莉拿著遙控器對音響不時地按著。她的浮躁，反應在每一首被迫播放到一半的歌曲裡。媽媽看在眼裡，有些擔心地想著：「這孩子是對這張ＣＤ沒興趣，還是她的注意力這麼短暫，連聽完一首歌都沒辦法？」

媽媽知道每回在跟美莉講話時，她明亮的眼睛總是咕嚕咕嚕地向別的地方望去。當然，一提醒她，她就會不好意思地再回來注視著你。只是每次她說話時眼神的不專心，總是讓家裡的阿公、阿嬤叨念著：「這孩子真是沒禮貌，和她說個話，眼睛怎麼到處飄。」

在美莉的房間裡，牆上貼滿了珍珠美人魚的卡通圖案，書桌上也有許多光之美少女的貼紙，連床鋪都是美少女戰士圖案的枕頭與棉被。只是媽媽發現，美莉在房裡心情是很愉快，卻無法在這臥室、書房共用的空間裡，專心地進行閱讀、書寫或其他需要動腦的事情。

媽媽覺得美莉這孩子的專注力是比其他同齡小朋友弱。

「應該找個時間來訓練她的注意力。」媽媽想著：「但是，如果馬上就拿教科書來訓練她的注意力，還沒開始，我大概就可以預期結果會是什麼了，不外乎『好無聊、好無聊、好無聊』地狂抱怨。」

媽媽苦思許久，突然靈光一閃。「嗯，或許先從比較輕鬆的音樂開始吧！不然，玩一些聲音遊戲也行。」雖然美莉聽CD時總是耐不住性子，但是對媽媽來說，凡事都有開始的一步。「至少比從課本開始簡單一些，先引起孩子的興趣吧！」

這回，媽媽決定把音樂CD重新挑選一遍，先拿開美莉之前總是跳過去的CD。「畢竟聽音樂是很主觀的一件事，那就先從她喜歡的歌開始，陪她一起欣賞聆聽。」

好好聽完一首歌，這是美莉媽採取的第一步，而這一步她一定要達陣成功。

媽媽先試了一首《那些年，我們一起追的女孩》主題曲〈那些年〉，因為她發現美莉雖然才小四，對於這首學校打掃時間常常播放的歌卻能琅琅上口，跟著哼唱。雖然歌詞總是唱得零零落落的，卻是她難得能把一首歌好好聽完，且要求重複再聽的曲子。

這次的成功經驗，讓媽媽信心滿懷。「關於聽覺的專注力，我想應該可以再繼續玩下去。」

願意聽，能夠聽，讓美莉逐漸從這些遊戲中感受自己也能夠做到的能力。

「還可以怎麼玩呢？」美莉媽繼續腦力激盪。

提升五感專注力的祕訣指南

祕訣160 傾聽脈搏的跳動
祕訣161 前奏猜想
祕訣162 輕敲一首歌
祕訣163 氣球爆爆
祕訣164 善用節拍器
祕訣165 聽見天堂
祕訣166 鼓聲咚咚

祕訣160

傾聽脈搏的跳動

讓孩子練習用食指及中指，輕輕按壓測量脈搏的位置。提醒孩子用指尖的觸覺，仔細計算自己脈搏跳動的次數。以一分鐘為例，聽聽孩子數了多少次脈搏的跳動。

其實，數對或數錯都不是重點。這練習在於**讓孩子透過傾聽脈動，學習對聽覺專注力的敏感。**

祕訣161 前奏猜想

選一首歌，要孩子仔細聆聽這首歌的前奏。當音樂開始時，讓孩子以最快的速度猜出這首歌。

這是一種聽覺專注與辨識的遊戲。而是否能夠正確且迅速地猜出歌名，也關係到孩子對這首歌的熟悉度。

祕訣162 輕敲一首歌

用手指輕輕在桌面上敲出一首歌，讓孩子仔細聆聽這是哪一首歌。接著角色互換，改由孩子用手指輕輕敲，換你猜猜這首歌。

猜歌，你需要聽覺的專注與辨識，及對歌曲的熟悉。敲歌，你需要能夠掌握節奏，並適時反應出來。

祕訣163 氣球爆爆

讓孩子摀住眼睛，將注意力聚焦在慢慢打氣的氣球聲音變化。試著在判斷氣球即將爆破的那一剎那前，將雙耳摀住。

這遊戲的目的，在於**讓孩子對於細微的聲音改變更敏感，及提升對於聲音的區辨能力**（害怕氣球爆破聲的孩子，可能一開始就會摀住耳朵了）。

祕訣 164

善用節拍器

「一二三四、一二三四、三二三四、四二三四」，你的孩子節奏感好嗎？

善用節拍器，讓孩子練習聽覺專注力。使用機械式節拍器或者數位式節拍器都可以，無論是用節拍器來輔助孩子彈奏音樂，或是依著節奏來打節拍：「一二三四、一二三四、三二三四、四二三四」，都是一種**很棒的音感節奏練習**。

祕訣 165

聽見天堂

在義大利電影《聽見天堂》裡，描述小時候失明的米可如何成為聞名全歐洲的聲音剪接師。電影中，他運用一台老舊的錄音機，收集生活周遭的聲音，編織成一段段美麗的故事。

一起和孩子來玩一場聲音遊戲吧！如同奧斯卡最佳音效，**由你拋出一個問題，**

例如「暴風雨」，這時由孩子以周遭可以找到的物品，製造出替代的暴風雨聲。依此類推，讓孩子來段「天搖地動」、「緊急煞車」或「廚房漏水」的聲音遊戲。

祕訣166

鼓聲咚咚

有著節奏、韻律的鼓聲從何而來？**讓孩子輕輕地閉起眼睛，仔細聆聽這飽滿的鼓聲是從哪個方向傳來，順著鼓聲咚咚，往聲音的來源而去。**這時，聽覺專注力的敏感與方向辨識是基本的練習所在。

祕訣167

梨子對我趴

電影《陣頭》裡，最引人注意的橋段之一，就是戲裡的梨子用台語大喊「對我趴」，隨後九天民俗技藝團裡的眾成員跟著熱血澎湃地奮力擊鼓。如果你有印象，梨子這精湛的鼓技，其實發跡於一次望見主角阿泰情緒激動地對著石頭猛打，而隨即模仿、複製在腦海中。

也和孩子來一場「對我趴」吧！**你可以先隨意打著節奏，隨後再由孩子模仿出你的節奏。**這時，聽覺的專注與辨識，及與生俱來或後天學習的節奏感即將粉墨登場。

祕訣168

369不拍——基本版

這是一個很有意思的遊戲。玩之前，似乎每個人都很有把握，但是開始進行之後，才發現原來比想像中還困難。

遊戲規則很簡單，從1數到30，所有的人邊數邊拍手。當數到有3、有6、有9時（例如3、6、9、13、16、19、23、26、29、30）不拍手——但雙手的動作要趨近，作勢要拍。

在許多演講的場合進行這個遊戲時，我發現在過程中，每個人都很容易受到周遭他人反應所影響。這時，除了自己對遊戲規則的理解、專注、控制與執行之外，**如何保持有效的選擇性注意而不受干擾，將是一項大挑戰**。

而且好玩的是，數到最後30時，許多人會忘記前面的規則而拍下去。

祕訣169

369不拍——進階版

進階版的遊戲規則大部分同前，仍然是從1數到30，只要數到有3、有6、有9時，就不拍手——但雙手的動作要趨近，作勢要拍。

唯當數到有4（例如4、14、24）時，4、14、24不能說出口，要改成說

「啊」，但同時也要拍手，例如：「1、2、3、**啊**、5、6、7、8、9……」

這個進階版在團體中進行時，難度更高，你可以帶著孩子試試看喲！

祕訣170

拍手疊羅漢

拍手也可以疊羅漢？沒錯，而且也**考驗著孩子的聽覺專注力與短期記憶力**。

這項遊戲適合小團體進行，依實務經驗，人數以五至六人為一組進行較適當。

遊戲規則為將每個人的拍手次數，依序累加上去。

例如，第一位拍手拍三下，第二位隨後先拍三下，再拍自己想要的次數，比如五下。緊接著，第三位依序複製第一位的三下、第二位的五下，同時再加上自己的次數，依此類推。

遊戲中，若有人拍錯（落石掉落），則遊戲被迫中斷（前方道路不通，請改道）。

祕訣171

聽完一首歌

為了提升孩子的注意力持續性，試著讓他開始練習把一首曲子聽完。

歌曲的選擇可視孩子的喜好來決定，但建議先以他感興趣、愛聽的歌曲為原則。

歌曲長度先以短的曲目為優先，再視孩子的表現，持續延長聆聽的時間。你可以**將一首歌重複播放，或慢慢選擇較長的曲目。**

秘訣 172

注意！「你我他」出沒！

我想許多人一定玩過不能說出「你、我、他」這三個字的遊戲。嗯，遊戲開始。你得非常地專注於自己即將說出的每一個字，要做到這一點，**孩子需要相當的專注力與自我控制力。**

「為什麼把東西亂放在這裡？」

「才不是我，是弟弟。」

喔！很抱歉，你踩到「我」這個地雷了。

「為什麼玩具玩一玩都不收？」

「剛剛是姊姊在玩的。」

「騙誰？你還不是也有玩？」

糟糕！「你」這個地雷也爆了。

祕訣 173

聯想曲

這個遊戲，除了考驗聽覺專注力外，**孩子的聯想、反應及記憶提取能力，在遊戲過程中也會不斷獲得提升。**

遊戲開始，例如你說出第一句是：「想到兔子想到什麼？」孩子聽到了回答：「想到兔子想到蘿蔔。」隨後孩子馬上再說：「想到蘿蔔想到什麼？」你回答：「想到蘿蔔想到土地。」接著你再說：「想到土地想到什麼？」孩子回答：「想到土地想到蚯蚓」……依此類推，直到有人重複講到先前的答案或接不起來就暫停。

祕訣 174

你在叫我嗎？

「你在叫我嗎？」團體裡，來玩個聽覺專注力遊戲吧！

這種畫面就像在參加雞尾酒會或下課時間一般，一群孩子在教室裡活動、講話或四處走動。遊戲規則是仔細聽，當你聽見指定的人在叫自己的名字時，要馬上喊「有」。但是，**對於非指定的人提到自己，則必須選擇性地過濾、排除，以提升自己的選擇性注意力，對於不相關的刺激不做反應。**

問題二十六
如何讓孩子的觸覺、味覺及嗅覺更敏銳？

「媽媽，你幹嘛每件衣服都要摸來摸去？手太髒，就去洗手啊！」

「嗯，你這孩子怎麼亂說話，什麼手太髒？讓店員聽到不就糗大了。我不是在擦手，我是在摸摸看這幾件衣服的質料有什麼差別。」

「你問店員不就可以了？而且買衣服不就是用看的，還自己喜歡的樣子或顏色？」美瑄有些遲疑地問著，一隻手也不經意地在眼前的衣服上摸了幾下，「還不是都一樣。」

「喔！不一樣喲，美瑄。來，你的眼睛閉起來，手給我，你先摸摸這一件看看有什麼感覺？是滑滑的、粗粗的、柔軟的、硬硬的、毛茸茸的，還是凹凸不平？再摸這一件，看看有什麼不同。美瑄，你想像一下，這衣服摸起來的觸感讓你聯想到什麼？感覺到什麼？同樣地，如果這件衣服套在你身上，感受一下可能會有的心情，是輕鬆、愉快、自在？還是煩躁、厭煩、鬱悶？」

愛逛街的美瑄媽乾脆來個現場教學。

美瑄學起媽媽的模樣，閉起眼，手撫摸著眼前的毛衣。「媽媽，我這毛衣摸起來很柔，很順，很溫暖耶！好像在摸我們家皮皮喲。我再來摸這一件看看……」

媽媽發現美瑄似乎對於觸覺玩起了興趣，隨後也放慢腳步，邊逛街，邊和美瑄分享。

「其實，我們平時很依賴視覺和聽覺的經驗，像觸覺、味覺和嗅覺等反而都遺忘了。這些感覺平時如果很少使用，時間一久也很容易就鈍掉了。」

「什麼鈍掉了？」美瑄納悶地問著。

「就是感覺變得遲鈍，愈來愈不敏感。哈！就像你爸一樣，不管怎麼讓他摸不同材質的襯衫，都摸不出個所以然來，倒是和阿公打麻將時，摸牌卻挺厲害的。」

提升五感專注力的祕訣指南

祕訣175　愛搗蛋的手指頭
祕訣176　寫在我手心
祕訣177　銅板的觸覺辨識
祕訣178　摸黑上路
祕訣179　用心去感覺手上的重量
祕訣180　下雨，快跑
祕訣181　美味關係
祕訣182　試湯頭
祕訣183　好鼻師
祕訣184　嗅聞花香味

祕訣175

愛搗蛋的手指頭

這是許多大人兒時的回憶之一。

讓孩子閉上眼睛，你則任意用一根手指頭，輕輕地碰觸他的頭頂。從大拇哥、二拇弟、三中娘、四小弟到小妞妞，讓孩子猜猜看，是哪根愛搗蛋的手指頭在他的頭頂上作祟。這時，觸覺的敏感、辨識與專注便慢慢被敲出了。

祕訣176

寫在我手心

讓孩子伸出手，閉起眼，任由你在他的手心寫下一組數字、一個字或一句話。請孩子用心感受你的手指在他手心的碰觸，並且仔細辨識：這些數字是多少？你寫的是哪一個字？哪一句話？

這遊戲也可以從手心調整至手背或後背，一起和孩子來說文解字，猜一猜喲！

祕訣177

銅板的觸覺辨識

當你的孩子已經學會辨識一元、五元、十元、五十元的銅板時，你可以開始跟他玩觸覺辨識的遊戲：讓孩子從口袋中，透過觸覺的專注，辨識銅板的大小。

在不能看的情況下，依你的指示，將指定要拿的金額從口袋中直接拿出來。例如，拿二十五元、三十二元、六十元等，順便做加法練習。

祕訣178

摸黑上路

讓孩子閉上眼睛，接著由你牽起他的手，在家裡漫步。這時，你可以帶著他的手去觸摸家中的物品。在觸覺專注的辨識下，讓孩子來猜測當下所摸到的物品是什麼，例如門把、滑鼠、開關、原子筆、橡皮筋等。

祕訣179

用心去感覺手上的重量

讓孩子閉起眼睛，用手握住一個東西，可以是一顆棒球、一個瓶蓋、一顆石頭、一團棉花或一枝筆。這時，引導孩子去感受手中物品的存在，或感覺這東西的重量。請孩子練習將注意力專注在手中物品所帶來的感覺，以提升集中性注意力。

祕訣180

下雨，快跑

張開你的手，手心朝下，讓孩子的二拇弟輕輕指著你的手心，這時你說：

「一、二、三，下雨了！」同時手瞬時合起，看是否能夠抓住傘下的二拇弟。而孩子得在第一時間迅速地逃離你的手心。

勝負輸贏，就看誰的動作反應夠迅速敏捷喲！

秘訣 181

美味關係

酸、甜、苦、辣、鹹、澀、腥、沖。味覺是很主觀的一件事，但和孩子一起敏感於每天都會有的味覺之旅，倒是一件有意思的味覺注意力練習。

細細品嘗，和孩子分享口中佳餚的各種滋味。哪些食物是酸，哪些嘗起來帶點苦，哪些放入口中會讓你感到澀。揮別囫圇吞棗，讓自己的味覺變敏銳，佳餚將盡是美味。

秘訣 182

試湯頭

「請先試試湯頭。」這是我和家人在宜蘭新月廣場吃火鍋時，服務人員常說的一句話，同時會親切地舀一些湯，讓客人試喝看看味道是否需要調整。

這是一種味覺的敏感與專注的區辨練習。你也可以把家中的廚房當成火鍋店，讓孩子練習品嘗一下湯頭的滋味：太濃，太鹹，太淡，是否符合孩子的口味，並且也可以引導他練習說說，自己想要的是何種滋味。

秘訣183
好鼻師

讓孩子閉起眼睛，啟動他敏銳的嗅覺。將你準備好的水果，例如蘋果、香蕉、蓮霧、奇異果、葡萄、番茄、楊桃或榴槤等，一個一個接近他的鼻子前。讓孩子透過果香，在不能碰觸而僅能以嗅覺辨識的情況下，猜出每一種水果的名稱。

好鼻師遊戲，讓嗅覺更敏銳。甚至可以調高練習難度，讓孩子閉上眼，連續嗅聞三種水果，隨後依序說出水果的名稱。

秘訣184
嗅聞花香味

要孩子閉起眼睛，把花趨近他的鼻子前，讓他仔細嗅聞花所傳遞出的香味，例如茉莉、玫瑰、菊花、夜來香、桂花、茶花、牡丹或蘭花等。讓孩子透過花香及自己的嗅覺來辨識，看看猜對後，他是否會心花怒放。

除了花香味，你也可以讓孩子嗅聞各種花茶的味道（孩子用聞的就好，花茶還是留給大人喝吧），就像大人在咖啡館喜歡嗅聞咖啡香一樣。

第八章

專注力與日常生活

提升日常生活專注力

如果提升孩子的專注力有什麼神奇藥水存在的話，那麼，瓶子裡面可能需要偷偷加入的一味是——好玩又有趣。

專注力是很生活化的，這點我要多強調幾次。只要記住這一點，無論是訓練的人，或被訓練的人，彼此都能共同歡樂（謎之音：千萬別把專注力訓練等同於拿教科書出來看，這可是會讓孩子倒胃口的）。

別忘了，專注力有一大部分是要運用在生活上的——雖然我知道許多爸媽其實更想讓孩子把專注力運用在課業學習上，這是人之常情，可接受，而且也不衝突。那麼，現在就請試著開啟記憶庫想想，在這之前，自己曾在家和孩子輕鬆玩過什麼可磨練出專注力的遊戲。當然，逛大賣場或逛夜市的經驗也別忘了傳承，購物、逛街的現場教學是現買現賣喲！

我常常提醒家長，讓孩子進行專注力訓練，並不表示一定得去什麼特定機構，或一定需要購買什麼教材或添置什麼設備（真的不需要如此大張旗鼓）。試著讓專注力在日常生活中逐步養成。

當然，如果你的孩子有注意力缺陷的問題，需要進一步尋求相關專業人員的評估或建議，例如兒童心智科醫師、復健科醫師、臨床心理師、職能治療師等，適時的諮詢、訓練與追蹤仍然有必要。但別忘了，在離開診間之前，請專業人員依你孩子的狀況，提供如何在日常生活裡練習、再練習的建議。

專注力的練習，還是要回歸到生活之中。

問題二十七
孩子的專注力很短暫，怎麼辦？

「你不覺得Tom這孩子像在沾醬油？每個玩具都給我拿出來玩，但都只玩一下下。不要說到時候玩具撒得滿地都是，收拾起來又要耗半天。讓我更擔心的是，再這麼玩下去，會不會以後做什麼都是三分鐘熱度，一事無成啊！」Tom媽擔心地說。

「哎喲，你會不會想得太早、太過了。Tom現在才幾歲？還不過是個中班的孩子，你在擔心什麼？五歲多而已耶，拜託。更何況，玩具不就是要拿來玩的嗎？」爸爸有些不以為然地回應。

「玩具是要玩沒錯。但是你看，如果現在連一個玩具都還不能玩出個模樣，像吃涮涮鍋一樣牛肉涮個八下，就玩短短的時間，那以後上小學，開始寫作業了怎麼辦？」媽媽說。

媽媽嗅到丈夫的不以為然，馬上又補充說：「我要強調的是，Tom現在的這種玩法，會讓我開始擔心他的專注力會不會太短暫，做一件事情沒有辦法持續。更何況，他現在還只是在玩玩具，以後面對聽、說、讀、寫、算，該怎麼辦？千萬不要告訴我以後再說。」

「可是我說老婆啊，Tom現在才中班而已耶！」老公又重複了剛才說的話。

「所以呢？我告訴你，不要說中班，其實有些孩子在小班，甚至於更早的時候，連玩扮家家、蓋房子、疊積木都可以玩出個樣子。哪像我們家Tom，這個東西拆一拆，鍋碗瓢盆拿出來炒一炒，拼圖四個角落都還沒擺好，迴力車嚕一嚕，就倏地又換了一個新玩意。你不要說我太敏感或想太多，這一點我可不接受。更何況，關於孩子的發展這件事，我可比你花更多心思在上面。現在Tom還小，要調整或加強還算容易。如果等到問題讓大家都看得出來，我告訴你，那時候你後悔都來不及了！」媽媽語氣堅定地說著。

提升日常生活專注力的祕訣指南

祕訣185 少玩一些

孩子在玩的時候，到底是玩具一次給多一點？還是一個一個慢慢玩？

其實，在玩具數量的考量上，特別是對於學齡前幼兒來說，你可以發現**當孩子有太多玩具可以選擇時，反而會不斷地更換玩具內容，導致每個玩具都像在沾醬油一**

般（特別是該做完的沒做完，例如拼圖拼到一半）。

這時，為了提升孩子的持續性注意力，建議你在提供玩具時，試著將玩具的數量減少，以降低轉換的頻率。

例如，一次只玩一個玩具，讓孩子能夠一次做一件事，優先將專注力投注在一件事情上。使孩子在每個玩具上都玩得徹底，玩得久，讓專注力持續時間的電瓶充飽，滿格。

祕訣 186

多玩一點

反過來，如果你發現孩子**能夠在許多玩具中，進行排列組合，變化出各種新玩法**，因而也能夠延長專注力的持續性，這時，曝露的玩具數量多，反而更能夠讓孩子玩出較佳品質的專注力與好能力。

祕訣 187

玩出好把戲

一個玩具或物品，如果能夠物盡其用，你會發現孩子對於這樣東西就能夠玩很久，並且變出許多新花樣。

在實務上，常發現**有些孩子因為不太會玩眼前的玩具，所以索性碰一碰之後，就放棄了——這就是喜新厭舊的關鍵。**

讓孩子玩出好把戲吧！一起和他把眼前的玩具或物品玩得透徹、玩得入味。能玩、會玩，孩子的持續性注意力就容易玩出來。

請記得，「玩」還是需要有人教的。

祕訣188

設定電瓶的持續力

在持續性注意力的練習上，可以**視孩子先前的經驗與表現，來設定每次需要專注的時間。**就像不同等級的蓄電力電瓶，例如五分鐘、十分鐘、十五分鐘等。

充電，給孩子設定持續時間。例如，這回玩扮家家酒「熱炒一百」，因為玩偶客人較多，生意特別好，所以營業時間延長，從昨天玩的十分鐘，拉長到今天的二十分鐘。

依此類推，聽故事時，讓孩子先聆聽五分鐘的《格林童話故事》，再持續延長十分鐘、十五分鐘等。或者第一次先聽《白雪公主》、《睡美人》，第二次再延長多聽一段《灰姑娘》，以充分磨練孩子的持續性注意力表現。

祕訣189
列出成功元素

若想讓孩子的持續性注意力保固時間加長，「成功」這元素是相當重要的關鍵。孩子做哪些事情最容易成功？請試著列出來，並讓孩子動手嘗試。列不出來？喔！你可能對孩子不太熟喲！

成功，是維持孩子專注力的不二法門。成功也意味著孩子在過程裡，具備能力，並且充滿樂趣、自信、成就感及主動性。

祕訣190
合理持續時間的研判

孩子的專注力到底該持續多久，你才能放心？

每件事情，孩子所需持續的專注時間不盡相同。

例如，有些孩子玩形狀配對，可能三分鐘不到就把各個形狀歸定位，接著就換了其他的活動，這時，你並不能說他只玩三分鐘的專注力持續性太短，因為畢竟他已經完成了這項活動。除非你提供更難、更複雜的內容，讓他需要花費再多一點的時間在上面，否則，你並不能期待或要求他得一次再一次地重複進行這項活動。

因此，**關鍵在於孩子是否已經「完成」的這項事實。**

這就像當小學生在閱讀一本關於世界歷史探險系列的漫畫書，例如《瑞典尋寶記》，有些孩子專注於這本書一個小時，有些孩子或許半個小時就翻完。那麼，到底是閱讀一個小時的持續性好？還是只要半個小時效率較佳？我想關鍵在於孩子閱讀完之後是否能夠理解、記憶，以及能夠順利提取的程度。

另外，我最常舉的一個例子是，以國小一年級為例，如果老師不故意折騰小朋友，回家作業完成的時間，一般大約在半小時以內。這半小時就是你的參考指標。當然，前提是孩子已具備了完成作業的能力——請提醒自己，將專注力與理解等能力，區分開來看。

問題二十八
如何教孩子在家輕鬆玩出專注力？

「浣熊媽，你知不知道哪裡有訓練孩子專注力的機構？」艾莎的媽媽問。

「機構？怎麼說？是艾莎的專注力有問題嗎？」浣熊媽反問。

「也不是有問題啦！我只是在想，趁艾莎現在中班，早一點訓練她的專注力，以後進入小學或許能夠更順利些，未雨綢繆吧！」艾莎媽回答。

「既然艾莎的專注力不是問題，那麼平時在家裡練習不就可以了嗎？而且我常聽一些專家提到，專注力是很生活化的事，或許在家就可以進行了，不是嗎？」浣熊媽說。

「在家進行？怎麼進行？我家又沒有什麼儀器或設備。」艾莎媽有些懷疑。

「艾莎媽，不需要什麼儀器或設備啦！」浣熊媽笑著說。

「不然需要什麼？」艾莎媽好奇地問。

「就玩啊！或在每天的生活自理中，動動腦想想也行。」浣熊媽說。

「浣熊媽，聽你這麼說，我還是覺得很模糊，你能不能具體地舉個例子？」艾莎媽不好意思地說。

「好吧！我這麼講好了。平時你會放手讓艾莎做什麼？」浣熊媽問。

「嗯，因為她愛漂亮，平時就讓她自己去襪子收納盒裡，挑喜歡的襪子囉！」艾莎媽隨口說。

「這就對了！」浣熊媽叫好。

「什麼？我不太懂，不就是選襪子穿而已，這跟專注力有什麼關係？」艾莎媽問。

「你這麼想好了，當你洗完、晾好襪子，收下來後，可以的話，讓艾莎來幫你將同一雙襪子從乾淨衣服籃裡找出來，兩兩擺好，就跟配對一樣。」浣熊媽說。

「什麼？就這樣？」艾莎媽感到不可置信。

「這只是一個例子啦！你想想看，在一堆襪子裡，艾莎需要先搜尋，再辨識，隨後配對，這些不都是專注所需要的能力嗎？」浣熊媽解釋。

「哇！浣熊媽，你好專業啊，懂這麼多。」艾莎媽忍不住讚歎。

「哎喲！不要這麼說啦！我只是曾經在演講中聽講師分享過。其實，要怎麼讓專注力落實在生活中，或許我們都可以再腦力激盪看看喲，艾莎媽。」浣熊媽鼓勵地說。

提升日常生活專注力的祕訣指南

祕訣 191

打蚊子，快、狠、準

不要懷疑，**徒手打蚊子，也是一種極需要專注的練習。**首先，你需要很敏感地，在蚊子還沒叮咬你之前，耳際便覺察到蚊子嗡嗡的聲音。隨後，你起床開燈，被吵醒的孩子也和你一起展開視覺搜尋，一探房間裡的蚊子到底停留在何處，任何的蛛絲馬跡你都不會放過。

噓，蚊子被你發現了。這時，你和孩子得屏氣凝神，專注地看著牆上那隻讓你恨得牙癢癢的蚊子。接下來，啪一聲，勝負就在那一瞬間！打蚊子，你就是孩子最好的示範（謎之音：打蟑螂雖然也有異曲同工之妙，但還是有別的較衛生的殺蟑方式啦）。

祕訣 192

對準蒼蠅，發射！

阿姆斯特丹的史基浦機場，為了龐大的小便池清潔費用，而突發奇想地在每個小便池裡貼上蒼蠅的小貼紙。類似的圖案，我想你（特別是男性）在一些公共場所的廁所小便池應該也見過。現在你應該知道用意了，不是讓你嫌它髒，而是對準、發射，尿吧！

所以別懷疑，原來尿尿也可以訓練專注力。或許廁所標語如：「小號請瞄準 大號請對準」、「小便向前靠 滴水不外落」、「你可以再靠近一點」等，讓孩子感受不到畫面。那就**有樣學樣，也在家中馬桶貼上貼紙吧！**選個你喜歡的圖案，不是蒼蠅也可以。

讓孩子在尿尿的過程中，體會專注是怎麼一回事。反正都要尿，就專注勤練習囉！

祕訣 193

丟紙團回收

沒錯，只要細心一點，你會發現有時連要回收的紙張，都可以順手讓孩子玩起專注力的遊戲。沒時間、沒空間、沒體力到外面打籃球？那就**將準備回收的紙張，揉一揉成紙團，對準回收桶，孤注一擲，丟吧！沒中，再投！**

祕訣 194

負責廚餘及資源回收

沒錯，專注也能做環保。放手讓孩子負責資源回收的分類吧！有時，我們真的幫孩子做太多了（所以家政婦是應該要釋放一些權限出來）。**在日常生活中，讓孩子透過「動手做」而親自體驗，這對於孩子的成長有很直接的益處。**

讓孩子對於資源回收不再只是圖片裡的印象，而是透過他的雙手觸摸，實際將回收物分門別類，例如廢紙類、鐵鋁罐、塑膠類、寶特瓶、鋁箔包及玻璃等。讓專注力落實在生活中，仍然是不變的道理。

當然，你可以繼續延伸至廚餘分類，例如果核、果皮、食材外殼、樹葉、花材、殘渣、雞鴨小骨頭、牛豬大骨頭或已臭酸腐敗等。誰說這些都是爸媽應該要做的事？

祕訣 195

謝謝總機小姐

當家裡的電話鈴聲響起時，誰會是第一個跑去接聽電話的？賦予孩子這項新任務，特別是家中有兩個幼兒園以上的孩子，開始玩起來吧！當電話鈴響時，看誰先跑去接電話。這時，**孩子需要專注地留意鈴聲響起，並立即做反應。**

祕訣 196

統一發票對獎

對獎，總是讓人充滿期待。就怕一閃神，遺漏了或看錯了眼前發票或彩券的數字。留些機會，也讓孩子體驗一下視覺專注與數字配對的緊張與樂趣。把發票與彩券交給孩子幫忙對獎吧！不放心？那麼就讓他先對完，你再核對一次，雙重保險喲！**讓孩子體會到維持專注，才不會遺漏財富。**

祕訣 197

卡拉OK逐字唱

讓孩子歡樂唱歌，如果家中有卡拉OK伴唱帶，不妨**讓孩子隨著字幕，一字一字地跟著唱**。在優美歌聲的陪伴下，視覺的專注與追視會是一段有意思的練習。縱使歌聲五音不全，也不妨礙專注喔！

秘訣198

跟著YOYO帶動唱

對於學齡前幼兒，這是最容易吸睛的方式之一。

無論孩子的偶像是香蕉哥哥、葡萄姊姊、西瓜哥哥或蜜蜂姊姊，喜歡唱〈卡加布列島〉、〈捏泥巴〉、〈彩虹的約定〉或〈球球不見了〉，都很好。

你可以從觀察孩子的表現，來確認他專注模仿的能力，特別是唱跟跳的部分。

秘訣199

全民大悶鍋模仿秀

中天娛樂台先前播放的政治反串節目《全民大悶鍋》，讓我們見識到郭子乾、邰智源、許傑輝、九孔、唐從聖、阿Ken、納豆等人的模仿功力。要能模仿得唯妙唯肖，除了天分之外，各個演員的觀察力及專注力、所需演技及融入當事人的努力磨練可想而知。

《全民大悶鍋》節目裡也透露著一個訊息：提升孩子的專注力，可以**從角色模仿練習起**。無論是對方的神韻、表情、說話語氣、音調，或是舉手投足等肢體動作，都是一種很有意思的觀察與專注力練習。

你的孩子愛模仿嗎？好吧！沒看《全民大悶鍋》？那他多少也會模仿你吧（只要不是壞習慣就好）。

祕訣 200

照相式記憶練習

你也可以試著選擇一張照片，讓孩子進行照相式記憶練習。首先，引導孩子想像以照相的方式，將注意力專注在眼前這張照片上。注視後，閉起眼睛，試著想像整張照片的內容。這時，驗收的時間到囉！你可以**看看孩子還可以記住及說出多少內容。**

這一點，有些泛自閉症（自閉症譜系障礙Autism Spectrum Disorder；ASD）孩子，所具備的強大照相式記憶，甚至於一種過目不忘的能力，應該會使你瞠目結舌。

祕訣 201

恆溫調節，減少影響

有時可以發現，**當下的溫度變化，也會不知不覺地影響到孩子的專注力表現。**

天氣太悶熱，汗流浹背，頭昏昏、腦脹脹，這時生理上的不適，往往也干擾到孩子需要靜心的閱讀或書寫。天氣冷颼颼，手腳冰冷，猛打寒顫，此時，孩子所有的注意力都將轉為對抗溫度的變化。適時留意當下的溫度變化對於孩子專注力的影響，當然，冷氣、電扇、電暖器或自然風都可隨時待命。

問題二十九
如何讓孩子藉由購物、逛夜市，提升專注力？

「歡迎光臨，請按鈕取票，票卡處理中，請稍候。」孩子們耳熟能詳地背誦著。柵欄打開，銀色Toyota滑向偌大的B4停車場。「小昕、小玥，開始幫爸爸仔細留意哪邊有停車位。」爸爸說。

「爸爸，你的iPhone給我，我來幫你拍『768』。」小昕搶先了一步，拿起手機拍下停車格號碼。

「哥哥，你還要拍牆上『B4F D05』啦，粉紅色的牌子喲！」小玥表現出一副得意的樣子。

這已經是小昕、小玥家的好習慣了。放手，讓兄妹倆共同參與，使他們的經驗和印象更深刻。這一點夫妻倆倒是想法滿一致的，而且也都落實在每天的生活中。

「爸爸，我來推車。」這回又是小昕拿到推車。

「媽媽，你要買美國富士蘋果嗎？三顆九十五耶！」小玥指著手上的家樂福DM問：「還有妙管家抗菌濃縮洗衣精，一瓶四十九元喲！」

「媽媽，這個可麗舒抽取衛生紙一百抽十二包，一袋一百零五元要嗎？超強勁！」小昕補充著。

對於孩子來說，這張DM就像是尋寶圖一樣。逛大賣場的樂趣，不輸去喧鬧的湯姆熊。

「愛大家」，有一回，媽媽在演講中聽見這三個字，一時還無法回過神來。待老師一說明是「愛買、大潤發、家樂福」，便會心地笑了出來，並點頭如搗蒜般地認同，大賣場真的是訓練孩子注意力的好地方。

當然，生活中處處是注意力練習的所在，也因此，一家四口都老愛往外跑。

「一舉數得啊！你看，可以逛街、吃飯，又可以訓練孩子日常生活中的注意力。」媽媽一邊看著菜單，一邊對爸爸說。一旁的小昕、小玥正等著要練習點菜。

「以前總是幫孩子做太多，做到讓他們總覺得是理所當然。除了孩子生活依賴、態度懶散外，當然也讓自己常一肚子氣，悶在心裡。但是，現在讓孩子凡事自己動手來，雖然一開始兄妹倆也是口中嘀嘀咕咕，但一回生，二回熟，三回就搶著做。做了，就都是他們自己的。」想到這裡，媽媽心裡覺得滿有成就感的。

「爸爸，票卡和發票給我，我拿去消磁。」這回換小玥先馳得點。待消完磁，孩子們總會細心地提醒爸媽：「這次可以停到晚上九點二十分喲！」

提升日常生活專注力的祕訣指南

- **祕訣202** 「愛大家」購物
- **祕訣203** 挑選水果
- **祕訣204** 購物比價
- **祕訣205** 快速找到製造日期
- **祕訣206** DM大搜索
- **祕訣207** 核對發票金額
- **祕訣208** 記帳

祕訣202

「愛大家」購物

運用大賣場做為專注力訓練的場域，一直是我向父母強調的一件事。無論是在「愛大家」（愛買、大潤發、家樂福）的哪一家，或Costco也行，你都可以開始啟動與孩子的購物專注之旅。

試著在進場前，先交代孩子你準備要買的清單。可以視孩子的專注力及記憶力的程度，來決定你所交付內容的難度（購買物的多寡）。

留意當你下達購買指令後，孩子是否能夠專注地完成該任務，徹底運用有效的選擇性注意力，不至於受到賣場不相關的刺激干擾（例如玩具區），而有所遺漏或買錯。

祕訣 203

挑選水果

我常提到，專注力訓練可說是「舉手之勞」，在這件事情上，我們大人真的得多放手及引導孩子們體驗日常生活中的實際經驗。以挑選水果為例，你可以先示範及告知孩子挑選各式水果的原則。

像在奇異果的挑選上，可以向孩子強調：先檢查果皮有無受傷，握在手中是否感覺不太軟、也不太硬，表面絨毛是否整齊、是否散發光澤；當然，太軟的奇異果就不要挑喲！

孩子每一次碰觸水果，都是一次專注力經驗的實際累積。

視你自己與孩子的喜好，想想小番茄如何挑，蘋果如何選，蓮霧如何買。無論是用聞的、摸的或看的，都是切切實實的體驗。

此外，有試吃的機會最好，別放過。

祕訣 204

購物比價

無論是7-Eleven、全家、萊爾富、OK便利商店、全聯或喜互惠（這家只有宜蘭才有），讓孩子學習在日常生活的購物中，練習比價錢。哪個東西便宜？哪個東西貴？錢帶得夠不夠？至少得先學會看價錢。

不是每個孩子都會看價錢喲！**這個小小的動作，卻是視覺搜尋的重要能力。**

祕訣 205

快速找到製造日期

讓孩子知道在賣場架上的物品，像是飲料、牛奶、餅乾、糖果或麵包等，包裝上充滿了許多的文字和數字，在這當中，他必須學習如何去快速找到關鍵字，例如辨識製造日期及保存期限。

讓孩子知道，專注力是如何與自己的切身經驗有關。同時，請提醒孩子，最新鮮的牛奶及麵包總是排在最後面，等待你的青睞。（孩子可能會好奇：為什麼新鮮的不擺在最前面呢？嗯，這一點你就要問店長囉！）

秘訣206

DM大搜索

我常常笑說「愛大家」總是很貼心地，會定期把專注力訓練的教材寄送到你家。無論晴天、雨天，外包裝都還貼心地用塑膠袋包好呢！這些琳瑯滿目的購物DM，如果你好好運用的話，可以在日常生活的專注力訓練上小兵立大功。

和孩子到大賣場一起玩個「DM大搜尋」的遊戲吧！一手交付購物推車，一手拿著購物DM，開始啟動專注力搜尋練習。**讓孩子將你用紅筆圈出的物品，在貨架上一個、一個尋找出來，再放入推車裡。**

感恩大賣場提供的優質專注力訓練環境，但別忘了還是要對促進經濟有貢獻啦！

秘訣207

核對發票金額

購物完之後，請將核對發票內容這件事交付給孩子，**讓他對於購買的物品及金額，一一進行核對與確認。**

無論如何，放手仍然是王道。若不放心，你還可以進行雙重確認。

祕訣 208

記帳

讓孩子學會記帳，至少把今天出門所花的買菜錢，用計算機或所學的加減練習算清楚，隨時幫你追蹤現金的流向。

如果是用孩子自己的零用錢花費，記帳也是一項好習慣喲！

祕訣 209

數錢

沒錯，從小透過「錢」來提升孩子的專注力，也是一種很實際的媒介。

數錢，讓孩子先學習辨識一百、五百、一千的紙鈔，一元、五元、十元、五十元的銅板。接著讓孩子練習清點眼前的現鈔與銅板的金額，數完後，寫下金額；然後再數一次，進行核對。

在點數的過程中，專注力也就一次又一次地獲得操練了。

錢不是萬能的，但數錯錢可是萬萬不能。

祕訣 210

得來速——購物動線規劃

和孩子到大賣場玩一場「得來速——購物動線規劃」的遊戲吧！

首先，確認五樣（數量可以自行調整）要購買的東西。接著讓孩子開始思考如何規劃動線，才可以用最快速度將這五樣東西放到購物推車裡。

在此不是要強調孩子跑多快，畢竟在大賣場還是要優雅地逛。而是孩子需要先學會辨識這五樣東西的屬性，以及這些東西可能各自擺放在哪些架子或櫃子上。如果需要詢問工作人員時，要在哪一個地方詢問，才不至於讓自己跑了重複的路線。

這個遊戲，**需要孩子具備計畫、組織與執行能力**。

祕訣 211

菜單點餐

生活中，處處是專注力練習的機會，就看你是否能放手（貼心地多強調幾次）。

有機會帶孩子去餐廳或外食時，面對菜單，**請把點餐的工作交給孩子，可以你說、他勾**。

去速食店時（麥當勞、肯德基、摩斯漢堡或丹丹漢堡等都行），也多放手讓孩子負責至櫃檯點餐。

一次一次的實戰經驗，除了讓孩子不斷演練專注（視覺搜尋）與聽覺記憶外，同時會增加自己有能力的感覺，覺得「我也能做得到」。這可不是爸媽太懶，而是用心良苦喔！

祕訣212

逛夜市，獵捕美食

逛夜市？沒錯，專注力就是要回歸到生活的樂趣上。想要享受美食，視覺搜尋能力就得派上用場。

想像自己走進了羅東夜市，**和孩子一起玩「找攤位」的練習，把這個任務交付給他。**例如，快速搜尋包心粉圓在哪裡，三星蔥餅何處尋，把你想要找的美食一一點出，像是當歸羊肉湯、一串心、卜肉、糕渣、龍鳳腿等。

選個時間，朝著離你家最近的夜市前進吧！提醒你，若想要好好地、優雅地逛，請選擇週間、離峰時間前往。

祕訣213

撈魚

撈魚，是孩子逛夜市的最愛之一（什麼？你的孩子沒逛過夜市?!）。無論網子是紙糊的或是撈不破的，重點在於孩子端坐在小板凳上，拿起漁網，眼神開始注視、掃描、追視著池中時而優游，時而緊張的魚兒（魚兒會緊張，還不是被你的孩子嚇到的）。

重點不在於孩子是否撈起了魚。這個練習，可以用來**訓練孩子眼神追視的能力。**

提醒你，當魚兒被撈起，放到紅色小盆子裡之後，和魚兒打個招呼就好，請孩子再輕輕地把魚兒放回水裡去。別忘了，這些魚兒可是孩子專注力訓練的助教。

祕訣214

只愛「黑姑娘」

讓夜市撈魚多一點小小的樂趣，向孩子指定他所要撈起的魚，例如只愛「黑姑娘」金魚。讓孩子**在針對魚群的追視中，同時練習視覺區辨。**

但請引導孩子愛護小小的魚兒，在撈魚的動作上溫柔一點，輕輕地將魚兒放入小盆子裡，請勿讓牠受傷喲！

祕訣215

套圈圈

套圈圈，是孩子逛夜市的最愛之二。如同投籃一般，讓孩子在線的這一端，試著注視著前方自己所選定的目標物。

切記，請勿亂槍打鳥，亂丟一通，否則桶子裡的圈圈一下子就投完見底了（哈！這麼任性，老闆可是最開心啊）。**要能夠套中物品，除了專注之外，還關係到孩子的手眼協調、拋擲的力道與角度。**或許，也存在著一絲絲的運氣。

祕訣 216

套圈圈之家庭版

好吧，沒時間逛夜市？也沒關係，那就把場景拉回到自己家裡吧！

老闆讓你來當，**把家中的玩偶、娃娃或小玩具鋪滿地，再拿起橡皮筋當圈圈。**成本夠低吧！讓孩子專注於目標後，將橡皮筋向前一丟、一拋，只要最後能夠落在玩偶、娃娃的身上就可以。

祕訣 217

代客找車

你多少也有類似的經驗，在百貨公司或賣場的偌大停車場中，苦尋你的愛車。

請把這個任務交付給孩子吧！

以後停好車時，**讓孩子負責記住你的停車位置。**無論是用腦袋瓜的記憶體、寫在小紙條上，或拿出手機拍下停車格號碼都可以，只要他能夠順利完成找車的任務就行。

第九章

專注力與休閒娛樂

提升休閒娛樂專注力

讓我們繼續「玩」下去，透過休閒娛樂玩出專注力。請相信，帶著「玩」的愉悅心情，可以讓專注力愈磨愈有力。

對我來說，只要在時間允許下，無論孩子提出什麼出去玩的建議，像是山邊、海邊、湖邊、河邊、田邊，騎腳踏車、餵魚餵鴨、溜滑梯、搭火車，我通常都會買單。

說真的，離家出走，四處玩耍，往往也是我這爸爸主動揪團。這一點，對於住在宜蘭的我們來說，是占了天時、地利、人和之便，不好意思喲。

我一直覺得大自然真的是培養孩子專注力的大教室，一處沒有圍牆，很容易讓人轉開五感開關的所在，讓玩無所不在，也讓專注力無所不在。試著以大自然的無限寬螢幕，來取代窩在家裡的手機小螢幕，或那二十吋、三十二吋、四十二吋的電視螢幕（當然，如果好好善用這些3C螢幕，專注力也能呼之欲出）。

提升專注力，動靜皆宜。視你孩子的年齡、需求、興趣，投其所好。無論是體能、球類、舞蹈等動態活動，或是展現聰穎程度的動腦遊戲，以及棋弈、桌遊、撲克牌等靜態遊戲都很好。

和孩子共同參與吧！除了可以讓親子關係有更多交集，對於孩子的身心特質也能有多一分了解，還可以彼此磨練專注力。沒有人說爸媽的專注力就一定比孩子好喲！

問題三十
如何透過休閒娛樂活動，強化專注力？

「唉！小甄這孩子到底是怎麼搞的，老是一問三不知，總是一個標準答案『不知道』。我看她對於身旁許多事物好像都漠不關心，成天只是吵著好無聊、好無聊，真有那麼無聊嗎？」小甄媽反覆撥弄著額頭上的髮絲，疑惑地問著丈夫，「難道是常窩在學校、家裡和安親班，生活經驗太少了嗎？」

小甄爸邊盯著iPhone邊回：「現在的小孩不都是這麼過的嗎？有什麼不好？」

「不是好不好的問題，而是我擔心小甄的學習態度。先不談學業表現，你看，連生活上，她都一副興趣缺缺、漠不關心又缺乏活力的樣子，像個老靈魂住在小小孩的軀殼裡。再這樣耗損下去，真的不行啦！」小甄媽說。

小甄爸不為所動，眼神仍然被螢幕上的App Store黏著。

「我看你，如果沒有iPhone，大概也活不下去了。」小甄媽對於丈夫的反應有些抱怨，「你不是常在看臉書嗎？你沒看到人家總是會帶著孩子東玩西跑的，分享了許多遊玩的照片。飛牛牧場的草原、高美溼地的夕陽、頭城外澳的海邊，我想這些，小甄應該都很愛的。我的小甄爸，什麼時候換你帶我們母女倆出去玩耍玩耍？」

丈夫仍然沒反應，小甄媽繼續說：「而且我告訴你，我的那群姊妹淘曾經在一場『如何提升孩子的專注力』演講中，聽老師說過專注力是很生活化的一件事，有許多專注力，可以很自然地透過休閒娛樂來培養和建立。」

見丈夫還是「有聽沒有見」，小甄媽不悅地說著：「我可不想要小甄長大之後，像你一樣老是只盯著螢幕瞧，一點生活品味與樂趣都沒有。如果你懶得出門，也行，那我和小甄母女倆就搭捷運四處逛，總比像你這樣老是窩在家裡好。唉！真後悔遇見你這個只愛盯著iPhone看的無趣中年男子！」

提升休閒娛樂專注力的祕訣指南

祕訣218

離家出走——啟動五感專注力

啟動「五感」——視覺、聽覺、觸覺、嗅覺和味覺，來學習專注力，是我一直鼓勵家長和孩子共同經營與體驗的一件事。離家出走，**多帶孩子接觸大自然，五感很容易就在這個氛圍中被啟動，同時，也容易強化孩子對於周遭事物的敏感觀察與了解。**

沒時間？時間如何運用，其實是一種選擇，就看你如何看待眼前的事物及優先順序了。

祕訣219

海裡來的沙

我常以海邊為例子。當你與孩子到海邊玩沙、踏浪，**孩子可以見到一波波的浪花，可以聽見浪花的聲音，觸摸到海水與沙的質感，可以嗅聞到風與海水相伴的味道，當然偶爾也能淺嘗海水的鹹滋味**（你會發現各縣市的海味都不盡相同，當然南投除外啦）。

這時，孩子就可以練習以不同的感官做為媒介，認識海與沙。

在海邊，和孩子分享屬於海的任何人、事、物，是最有感覺的。就像在海邊聽張雨生的〈大海〉一樣。

秘訣 220

鏡頭下的美好

「如果你的孩子已經三歲以上，請把相機交給你的孩子吧！」這是我在演講時常說的一句話。若你擔心相機會摔壞了，那就把相機帶掛在孩子的脖子上吧。

用手機拍照也是同樣的道理，你可以幫小孩扶住手機。

透過鏡頭，讓孩子學習「聚焦」（集中性注意力），有助於讓他對周遭事物的反應更敏銳一些。同時，我們也可以注意到孩子所關注的世界是什麼模樣——有照片為證。

秘訣 221

主題拍

讓孩子練習一次「主題拍」。

主題的設定可以由你和孩子來討論，任何你想像到的都可以。無論是拍花、拍樹、拍天空、拍表情、拍路上的車子、拍招牌、拍貓狗或拍建築等都行。

透過主題，讓孩子學習尋找焦點，及從不同的角度看事物。

在宜蘭市中山國小有棵百年的金龜樹，昔日校友蔣渭水先生童年時，常常在樹下玩耍。以這充滿歲月的樹為例，我發現，透過不同的角度，可以拍出許多不同的風情。

祕訣222 隨意拍

來場「隨意拍」，讓孩子想拍什麼就拍什麼。

授權孩子任意按下快門，你將好奇他會留下什麼樣的影像。**和孩子討論他所拍的照片，聽聽他的想法、說明與介紹。只要他願意說、能夠說，和周遭的事物就更接近了一些。**

讓孩子與周遭的事物建立關係，有了關係、有了意義、有了感情，孩子的專注力將會更敏銳。

祕訣223 一鏡到底

把相機或手機設定到錄影模式，和孩子約定所要拍攝的內容，並選定目標物，閃避閒雜事物。

跟孩子一起進行「一鏡到底」的遊戲，例如，拍攝普悠瑪火車經過、七星潭的海灣拍浪、池上伯朗大道與天堂之路的田野風光（雖然少了金城武）、拍美麗華摩天輪旋轉一圈（嗯，拍爭鮮迴轉壽司轉一圈也行啦）。

一鏡練到底，讓注意力的集中與持續加足馬力。

祕訣 224

看雲趣

「你多久沒有抬頭看天空了？」這是我常常在演講中問現場聽眾的一句話。

其實，天空一直都在那裡，就看你要不要抬頭看。看雲，是我和孩子在宜蘭，最自然、最隨性也最經濟的樂趣之一。

試著也和你的孩子來玩玩：「雲，像什麼？」這是一場視覺專注、想像與辨識的練習曲。

無論孩子的形容是：「哇！鯨魚在天空耶！」「嗯，軟綿綿、甜滋滋的棉花糖喲！」「哈，好像一輛March喔！」

只要**開啟孩子注意大自然的習慣**，雲，只是一個開端。

祕訣 225

賞鳥與蛙調

注意力有缺陷的孩子，總是容易大而化之。鳥，不都長得一模一樣嗎？蛙，不都是那副德性，有什麼好觀賞的？喔！當然不是這樣。

試著啟動孩子對於大自然的關注，可以到關渡自然公園觀賞冬候鳥，遇見小水鴨、家雁、蒼鷺、青足鷸、高蹺鴴等。或有朋友喜歡到雙連埤進行蛙調（青蛙調查），像艾氏樹蛙、台北樹蛙、翡翠樹蛙或面天樹蛙等。

當然，賞鳥與蛙調都只是例子。你也可以找到屬於自己與孩子的樂趣，賞花、觀星都行。**透過對於大自然的區辨，讓孩子的專注力更加敏銳。**

祕訣 226

凝視水珠

大自然裡，總是有著許多可以進行「微距觀察」的練習，像是下雨天，葉子上的露珠，或車窗玻璃上的水珠。

試著讓孩子**靜靜地觀察**。專注，有時就是那麼純粹的練習。如果你願意停留下來，仔細觀看任何吸引你的事物，生活也會更有味。同時你會發現，當下的心情是很平靜的。

祕訣 227

白鷺鷥覓食

在宜蘭生活，很幸運地常有機會望見成群的白鷺鷥，尾隨在田裡的農耕機後覓食。那覓食、漫步、跳躍、飛翔的曲線美妙之姿，總是讓人留連忘返，當然也會順其自然地捕捉鏡頭下的美好。

白鷺鷥什麼時候來？讓孩子知道農夫整地、耕作、種植等時間，了解白鷺鷥總是愛在此刻或選在雨中成群覓食。**具備了基本概念及背景知識，對於提升孩子理解及生活經驗的專注會更有助力。**

祕訣 228

緩慢的身影

對於心浮氣躁的孩子，**注視緩慢動作的畫面，除了修身養性、穩定情緒外，也是一種對於集中性專注力的訓練。**一起和孩子欣賞烏龜、蝸牛、蚯蚓、甲蟲或蛞蝓慢慢地動吧！雖然會讓人好想把轉速加快。

什麼？在你的生活中看不到這些？沒關係，那就上網到YouTube輸入「slow motion」關鍵字吧！也會有其他慢動作的畫面讓你參考。

同時，引導孩子將所見的畫面，例如烏龜、蝸牛、蚯蚓、甲蟲或蛞蝓等慢爬身影，像中華電信MOD一樣，設定成輕鬆隨選畫面在腦海裡播放。當然，如果「頻道」要多，孩子的生活經驗與見識相對就要更廣。

祕訣 229

採草莓

你到過苗栗大湖採草莓嗎？**要採到又甜又美的草莓，可是十足需要專注力的。**好吧！拿起剪刀，準備出發（什麼？徒手用手摘？喔！千萬不要，這可會傷了它的後續生長喲）。

話說，大顆草莓總是躲在綠葉底下。輕輕撥開綠葉，草莓公主會對你微笑喲！開啟專注力，挑選草莓——外表色澤紅潤、不沾泥雜物，果實外表顆粒是立起來的，蒂頭深綠色。嗯，選它，這就對囉！

想要多點維他命C嗎？想要多集中專注力嗎？去採草莓吧！但請記得，只要採草莓，不要踩草莓。

祕訣 230

俊男和美女

和孩子討論：「為什麼人們遇見俊男和美女時，總是能夠專注地看很久？」

讓孩子了解，**有時在賞心悅目的人、事、物之中，存在著吸引人們注意的關鍵元素**，例如濃眉、雙眼皮、高挺的鼻子、豐厚的雙唇等細節特徵，能讓自己看了之後換來愉悅的好心情。

秘訣231

捷運轉乘——最省時的路線

搭著台北捷運去旅行，和孩子玩一場「捷運轉乘」的專注力遊戲。

讓我們先從市政府站出發，到公館逛街吧！

搭車前，讓孩子看著地圖告訴你，該如何轉乘捷運，速度才最快。首先從市政府站，搭乘5號板南線往亞東醫院／往永寧，至西門站，轉乘3號松山新店線往新店，隨後至公館站下車。

搭完美麗華摩天輪後，改到淡水看夕陽吧！一樣讓孩子提醒你，哪一站需要下車轉乘。首先，從劍南路站搭乘1號文湖線往動物園，到南京復興站轉乘3號松山新店線，往台電大樓／往新店，到中山站轉乘2號淡水信義線往淡水，至淡水站下車。

一回生、二回熟，多玩個幾次，讓孩子化身為台北捷運公司，清楚地告訴你最快的轉乘路線。但請記得要上下車喲！

秘訣232

領隊先生／小姐

平時和孩子散步、繞公園、逛大街和百貨公司時，**在安全的範圍內，試著讓孩子如同領隊一樣走在前面，帶領你到你們要去的各個地方或角落**（特別是學齡前幼兒，他們會感興趣的，只要他們不會暴衝）。

讓孩子在前面開路，每一步、每一步，都能讓孩子帶著好奇、探索與專注，踏出逐漸成熟與自信的獨立大道。

祕訣233

注意「反方向」

讓孩子**平時多練習觀察與自己方向相反的事物**。

以我自己長期奔馳於高速公路的經驗來說，走國道五號從宜蘭北上往台北方向，在開車的同時，我也會特別留意對向車道的車流量。反之，當我從國道三號南下時，也會特別留意這時北上的車流量。如果發現對向車道壅塞的話，下回自己就會錯開這個時段。

舉手之勞，邊開車邊和孩子分享你的所見與經驗值，生活中處處可注意。

祕訣234

時刻表搜尋達人

「幫忙看一下，最近一場《STAND BY ME哆啦A夢》電影是幾點開始？」一個小小的提問，孩子就得先練習查看現在的時間，隨後仔細去搜尋電影時刻表。

在這裡，看電影是一個例子。藉此提醒自己多放手，讓孩子**練習查看任何的時刻表**，例如火車時刻表、電影時刻表，或任何表演的節目時刻表等。提升孩子的視覺搜尋專注力，時刻表達人非他莫屬。

問題三十一

如何運用體能活動，提升專注力？

「蠻牛，你真的很莽撞耶！急什麼急？真是粗心大意，倒個水也要摔掉杯子。早知道我就自己來，真是沒事找事做。」蠻牛媽一邊拿著掃把清理地上的玻璃碎片，一邊埋怨著杵在一旁的健仲。

與同齡的同學相較，念國小三年級的健仲身材壯碩。綽號「蠻牛」的他，平時狀況百出，其中最常被媽媽念的往往和他的動作控制有關。

「不是我愛說你，小心一點嘛！明知道自己的動作平衡、手眼協調不是那麼好，就應該多注意。你看，好不容易湊滿一組的憤怒鳥馬克杯，就這樣被你摔得家庭破碎。」聽到「家庭破碎」四個字，原先神經緊繃站在一旁的健仲，這時彎下腰笑了起來。

「你還笑？還不來幫忙，只顧著笑。」蠻牛媽吆喝著健仲動手幫忙。「你真是該多運動、運動，除了讓自己的身體好一點，動作協調敏捷一點，腦袋瓜也會因為專注而靈光一些。」

「我都有在運動啊！」蠻牛說。

「運動？騙誰？上網打怪叫運動？」媽媽反駁。

「我都有練手感，那也是一種運動啊！」蠻牛停下清理玻璃碎片的動作，正經八百地向媽媽強調著。

「你還在給我耍嘴皮子？練手感……打怪能當飯吃喔！」媽媽說完，便朝健仲的後腦勺「啪」的一聲巴下去。

「喔！好痛！」蠻牛大叫。

「痛才會讓你有感覺。快掃啦！」媽媽催促著。

蠻牛媽一直在想，平時家裡有沒有一些活動可以給孩子動一動，至少對於他的動作協調及專注力能有幫助。

「看新聞，有人在學騎獨輪車，但這對壯碩的蠻牛太具挑戰性，算了。溜直排輪？嗯，這似乎也不錯，只是要多買一雙鞋子，就怕他三分鐘熱度。」蠻牛媽繼續苦思著。

「其實，如果蠻牛願意在球場上動一動，除了減肥瘦身外，這些球類活動玩起來，也都需要一定水準的專注力耶，籃球、足球、棒球或桌球都行。」蠻牛媽突然覺得，只要願意動手開始做，生活裡的專注力訓練其實俯拾皆是。

提升休閒娛樂專注力的祕訣指南

- **祕訣235** 投籃
- **祕訣236** 十二碼球射門
- **祕訣237** 九宮格投球
- **祕訣238** 快打桌球
- **祕訣239** 攀岩
- **祕訣240** 騎獨輪車
- **祕訣241** 瞬間動作轉換
- **祕訣242** 跳竹竿舞
- **祕訣243** 舞動人生

秘訣235

投籃

你不會是麥可．喬登，也不會是柯比．布萊恩，當然也不會是林書豪。但是，你可以和孩子拿起籃球，眼神注視著籃框，感覺籃球在手指指尖的觸感，控制方向，準備出手，投籃（刷！得分）。

當然，你想要表演一場灌籃、轉身跳投、罰球線上或三分線外投籃也都行。

秘訣236

十二碼球射門

如同在足球場上，和孩子來一場十二碼球射門比賽。讓球停留在十二碼點上，孩子注視著球門，屏住氣息，準備提腳射門。而你，可以扮演守門員站在球門線上。

無論球是否踢進，當孩子認真地注視著球門那一剎那，注意力的聚焦便正在發生。

秘訣237

九宮格投球

在夜市，你多少看過九宮格投球的遊戲吧。沒錯，就像許多的球類活動，專注力的培養也暗藏在此。

握住球，感覺球在自己手心的溫度。輕輕扭動你的手腕，注視著前方九宮格的數字，屏住氣息，準備來個上投、下投、上側投或側投。在你抬起左腳、用力扭腰、臀部上拉、手臂一揮的一剎那——專注的練習就在這裡！

沒有九宮格？那麼就找個捕手蹲在你前面不遠處，彼此投捕練練。無論投的是快速球、慢速球或是變化球，請來個好球吧！

祕訣238

快打桌球

和孩子來一場桌球友誼賽吧！想要打好桌球，孩子需要具備極佳的集中性注意力、視覺判斷力、反應力、手眼協調及穩定的情緒，這幾點缺一不可。

來個正拍、反拍或下旋球，削球、切球、反拉或封擋，每回桌上的乒乓乒乓，在在都磨練著孩子的專注力。

祕訣239

攀岩

攀岩是一場非常需要專注力的體能活動，否則稍有閃失，便一失足成……

我在學生時代，因參與登山社社團活動，曾在北投大砲岩及濱海的龍洞岩場攀登小試。在確保安全的情況下，透過抓、踩天然岩壁的把手點或踏足點，逐步攀升、移動。

當然，你可以選擇安全的室內人工岩場，讓孩子體會專注到底是怎麼一回事。

祕訣 240

騎獨輪車

獨輪車不只是馬戲團的專利。在一些校園與機構裡，已經開始有小朋友練習騎獨輪車了。

我不會騎獨輪車，卻非常欣賞與欽佩能夠騎獨輪車的大、小朋友。獨輪車要能夠騎得平穩、順暢，肌肉與動作的協調需要經過一段時間的反覆練習。而在輪子不斷轉動的過程中，集中性注意力、選擇性注意力和持續性注意力也就不斷地加強了。

獨輪不行的話，多個一輪、兩輪或輔助輪也可以，例如自行車，或是學齡前的三輪車都行。

專注是無所不在的，只要你願意開始踩動踏板。

祕訣 241

瞬間動作轉換

回想一下，你在小時候是否玩過類似這種的反應遊戲：一站起來，二坐著，三跳起來，四拍手，五轉圈。

過程中，孩子必須先專注地記住上述每個數字所代表的動作，隨後並依指示變換動作。當數字轉換愈快時，孩子所面對的反應挑戰也愈大。

祕訣 242

跳竹竿舞

你是否曾經在竹竿分合的瞬間，輕盈地跳躍出優雅曼妙的舞姿？還是你的左腳或右腳在跳竹竿舞時，總是來不及反應而被竹竿夾到？

竹竿舞考驗著跳舞者對於規律節奏的反應，在這當中，跳舞的你，需要有極佳的專注力與敏捷的動作反應。

祕訣 243

舞動人生

無論是近日火紅的筷子兄弟的〈小蘋果〉，或是先前韓國歌手江南大叔PSY的〈江南Style〉騎馬舞、韓國女子組合Wonder Girls的〈Nobody〉、男子團體Super Junior的〈Sorry, Sorry〉，都帶動了許多人的舞蹈仿效，其中還包括許多kuso版。

讓孩子透過舞蹈模仿，好好發揮視覺、聽覺專注力及動作協調等能力，在奔放、熱情、動感的舞蹈中，不知不覺地跳出專注力。

問題三十二
如何利用動腦遊戲，磨練專注力？

「Mark、Nick，過來，老爸教你們好玩的遊戲。」老爸拿著一副撲克牌呼喚兒子。

兩兄弟好奇地圍著爸爸，看著他神情專注地洗牌。

「哇！爸爸，你要教我們賭博啊！帥喲！」Mark瞪大眼睛興奮地說。

「喔！爸爸要帶壞我們喲，竟然父子聚賭。」Nick誇張地說。

「先別在那邊亂說話，待會玩起來，就憑是否有真本事。」啪、啪、啪、啪，啪、啪、啪，爸爸洗牌的專業模樣真是羨煞了Mark、Nick兄弟倆。更令他們訝異的是，這回老爸竟然主動教他們玩起撲克牌來。

「Nick，你幫忙把風一下，免得待會被媽媽看見，我們父子三人就完蛋了。」Mark略帶正經地告訴弟弟。

「是，長官！」Nick突然站起來，舉起右手敬禮，隨後轉身朝向客廳的方向，留意是否被媽媽瞧見。

「你們兩個在幹嘛？專心一點，什麼完蛋不完蛋的，我可是很認真地要教你們……」老爸說。

「賭博！」Mark與Nick異口同聲地大喊。

「什麼賭博不賭博的，誰在賭博？」媽媽被「賭博」兩個字吸引，疑惑地走了過來。只見Mark與Nick兄弟倆張大著嘴，神情緊張，同時將手指向正在發牌的爸爸。

「老公，你在幹嘛？打牌？好的不教，淨教些壞的。」媽媽不以為然地數落著。

「親愛的老婆，你誤會大了。」「賭神」老爸喊冤。

「什麼誤會大了，你以為我沒看見？不叫他們兩兄弟去讀書，你這個做爸爸的竟然教起他們賭博來。這是哪門子身教？」媽媽開罵了。

「哎喲！親愛的老婆，打牌不等同於賭博啦！撲克牌可不是什麼凶神惡煞，你的反應別那麼大，更何況，你都還沒弄清楚我到底要教他們做什麼。」

「做什麼？打牌就打牌，你以為我看不出來？」媽媽雙手扠腰，義正辭嚴地說著。

「我的老婆大人，其實我是想訓練他們……」爸爸試著澄清。

提升休閒娛樂專注力的祕訣指南

祕訣244 猜數字
祕訣245 玩數獨
祕訣246 棋弈——「黑子與白子」
祕訣247 桌遊——「妙語說書人」
祕訣248 撲克牌——「分類遊戲」
祕訣249 撲克牌——「撲克配對記憶遊戲」
祕訣250 撲克牌——「心臟病」
祕訣251 神奇撲克——「摸鼻子篇」（基本版）
祕訣252 神奇撲克——「摸鼻子篇」（變形版）
祕訣253 魔術表演

祕訣 244

猜數字

回想一下，兒時的你是否曾玩過這樣的遊戲——猜數字。遊戲規則很簡單，先設定一組三位數字（當然也可以向難度高的四位數挑戰），數字1到9不重複（例如，沒有277或333等）。讓孩子猜測你所設定的這一組數字。如果數字對、位置對，則為A；若數字對，位置錯，則給B。

例如，你所設定的數字為165，當孩子第一次回答269時，6的數字對、位置也對，所以給孩子1A；若孩子回答176，1的數字對、位置也對，但6的數字對、位置錯，此時給孩子1A1B。依此類推，看看在猜測的過程中，孩子能否很快地猜對你所設定的數字。

除了得隨時集中精神，保持專注外，孩子的邏輯推理能力，這時也得派上用場。

祕訣 245

玩數獨

你可能常常在報章雜誌的一角，發現數獨（Sudoku）這個邏輯推理的好玩意。通常每道數獨題目，是一個大正方形分成九個小正方形，每個小正方形裡各有九個小宮格。也因此，你的眼前總共會有9×9共八十一個小格。

每一張數獨，紙上的一些宮格裡都已經填了一些數字。遊戲規則是從左到右、由上到下，每行、每列、每個宮格裡的1到9數字都不能重複，而你需要把它填滿，完成。

練習數獨，除了孩子必備的基本邏輯推理能力外，「耐心」是跑不掉的一件事。因此，如果孩子想要順利解題，在解題過程中的專注力及持續性，正如同摩托車的前後輪，缺一不可。

祕訣 246

棋弈——「黑子與白子」

各類型的棋弈，都是訓練孩子專注力的好方法之一。重要的是，你得和孩子展開手上的第一只棋子。

以圍棋為例，在黑子與白子之間，如何落子並無悔，不妨讓孩子去體驗與感受紅面小棋王般的專注與冷靜。輸贏其次，重在過程。

祕訣 247

桌遊——「妙語說書人」

「妙語說書人」（Dixit）是一套相當受歡迎的桌遊，這是一種可以一群人同時歡樂與鬥智的遊戲。遊戲配件包括八十四張牌、一張嵌於盒內的計分板、六隻木製兔子、三十六個投票標記物，及一份遊戲規則。

遊戲中，你必須對於玩家（說書人）所說出的一段話、一個字、一個詞或一首詩，發揮想像力，並專注地判斷他所指稱的是眼前哪一張圖片。隨後，玩家（說書人）公布答案，並發揮表達力，解釋如此說的理由。

「妙語說書人」只是桌遊的一個例子。你可以仔細研究有哪些有趣、好玩又有意思的桌遊，可以做為訓練孩子專注力的媒介喲！

秘訣248

撲克牌——「分類遊戲」

這是撲克牌最基本款的專注力玩法之一，適合學齡前及國小低年級的孩子。

規則相當簡單，將所有的牌打散，集中洗牌後，再讓孩子練習將撲克牌，依黑桃、紅心、紅磚、梅花四種花色，進行各十三張牌的分類遊戲。

秘訣249

撲克牌——「撲克配對記憶遊戲」

撲克配對，視孩子的能力來選定欲配對的組合數，或者乾脆五十二張牌全蓋住。

遊戲開始，過程中，需要孩子的視覺專注與空間記憶的搭配。

兩兩翻牌，當兩張數字相同時——賓果！再翻下一組。

如兩張牌數字不一樣則蓋住，換下一位翻牌。比賽直到所有的撲克牌被配對成功。

祕訣 250

撲克牌——「心臟病」

將撲克牌平均分配，記得，每個人都不能看見牌的內容。隨後，依序唱數（1、2、3、4、5、6……），並將手中的一張牌打出。所有的人需注意，所唱的數（例如7），與所打出的牌數字是否一樣（也是7）。如果是，這時，所有的人都得迅速將手壓住牌上，反應速度最慢的人則輸。

祕訣 251

神奇撲克——「摸鼻子篇」（基本版）

好好打一副好牌。如果好好善用撲克牌，你會發現牌裡躲著許多訓練孩子專注力的元素。在這裡分享一種「摸鼻子遊戲」。這活動，適合一次約四至六位小朋友一起進行。

活動規則如下：每位小朋友均分四張牌，例如四個人就準備十六張牌（比如2222333344445555），洗牌後，每個人均分四張牌。六人就二十四張牌（例如

2222333344445555666677777），一樣在洗牌後，每個人手上分四張牌。

過程中，當發現自己手上的撲克牌數字不一樣時（例如是3、3、4、2），需進行換牌（例如將手中的2或4蓋住送出，和他人交換）。若當其中一位小朋友，手上撲克牌的數字換成四張都一樣時（例如是3、3、3、3），此時須立即做出「摸鼻子」的動作——將撲克牌蓋住鼻子。

小朋友在換牌的過程中，需留意是否已經有人做出摸鼻子的動作，如果有，則無論自己手中撲克牌的數字如何，皆需同樣跟著摸鼻子。最後才做出摸鼻子動作的小朋友則算輸。

祕訣252

神奇撲克——「摸鼻子篇」（變形版）

在此分享另一種「變形版」。

在上述規則中，當小朋友手上撲克牌的數字換成四張都一樣時（例如是3、3、3、3），需立即做出摸鼻子的動作——將撲克牌蓋住鼻子。

在變形版中，可以開始變化遊戲規則，例如，將摸鼻子改成將臉頰鼓起來、眨眼睛、嘟起嘴巴、傻笑、放聲大哭或扮鬼臉等，任何你想像到的變形方式都可以。

同樣地，最後做出動作的小朋友就算輸。

祕訣 253

魔術表演

魔術，總是在歡樂聲中令人發出驚奇與讚歎。當你想展現舞台上的表演魅力時，如何不讓台下的觀眾發現你的魔術破綻，這真的需要花費一番功夫。

來個家庭式的魔術表演吧！和孩子一起來練個一招半式，看誰不會露出破綻，又看誰能夠專注予以破解。

魔術哪裡學？上YouTube輸入「撲克牌魔術教學」，試試看吧！

問題三十三
如何透過平衡感與動作協調，加強專注力？

砰！媽媽一轉頭，只見阿弘用手揉著臀部，嘴裡直嚷著：「哎喲！好痛好痛。」

「你是不長眼睛喲？怎麼走路都沒在看，老是東撞西撞像酒駕似的。」媽媽念他。

「誰叫你把桌子放那麼過來，讓我撞到！」阿弘抱怨。

「撞到還怪我？那為什麼我和爸爸都撞不到？藉口一大堆。」媽媽說。

阿弘站了起來，去拿媽媽幫他倒好的果汁，沒想到才沒走幾步路，果汁就灑了。

「唉！阿弘，你也幫幫忙，都二年級了，怎麼連端個杯子都讓果汁灑滿地。」媽媽說。

「誰叫你要倒這麼滿，還不都是你害的。等一下擦乾淨不就好了，真愛念。」阿弘反駁。

「嗯，你哪一次不倒得到處都是？難道你忘了，昨天倒汽水的時候，還把桌子弄得溼答答的。長得那麼壯，手竟然這麼沒力氣。」媽媽念著。

「這麼愛念，不然下次你幫我倒。」阿弘不甘示弱地回答。

「幫你、幫你，我還幫你喝、幫你走路、幫你跑腿哩！自己不好好留意，不專心一點，還好意思叫我幫你。是要幫到幾歲？」媽媽愈講愈氣。

每回只要想到阿弘人一動，不是走路跌倒、手肘撞到身旁的人，再不然連彎個腰撿東西，都很容易把一旁的東西抖落滿地，阿弘媽就忍不住生氣起來。

但生氣又有什麼用？阿弘媽有些無奈。

「唉，這孩子也真是，已經講到口乾舌燥了，每次叫他小心一點，說也說不聽。」她真的很想幫幫孩子，但又不知道該如何做起。總覺得這孩子有哪根筋不對，但就是想不出是哪裡出了問題。

是平衡感差嗎？嗯，好像有一些。是動作協調不好嗎？嗯，又像有那麼一回事。是不專心嗎？倒也不全然如此，因為阿弘在做某些事情時也挺專心的，這一點，媽媽不得不承認。

只是，如果持續把問題擺著不管，阿弘媽覺得，狀況好像會愈來愈糟糕。

提升休閒娛樂專注力的祕訣指南

祕訣254 穿針引線
祕訣255 立蛋挑戰
祕訣256 邱比特射箭
祕訣257 電流急急棒
祕訣258 排骨牌
祕訣259 紙牌之屋
祕訣260 Taipei 101遇見杜拜塔
祕訣261 走直線
祕訣262 伸展台走台步
祕訣263 拋接溜溜球
祕訣264 扯鈴運動

祕訣 254

穿針引線

面對眼前這個細微的小針孔，孩子得穩定而優雅地，充分發揮執行精細動作的能力，專注地將線穿透過去。

這是一場視覺專注的練習，別怕孩子被針扎到手指頭。穿針引線，試著讓孩子動手做做看。

祕訣 255

立蛋挑戰

立蛋是否一定要選在端午節呢？其實，立蛋活動可以無所不在。當然，想突破端午的限制，**除了需要平靜的心情，還有精細動作的穩定與平衡，以及屏氣凝神的專注力，缺一不可。**

選個好蛋，並且實際動手操作、測試各種光滑或粗糙的平面，挑個好地點，一起動手立蛋試試看。不成的話，頂多打個荷包蛋或煮個蛋花湯，慰勞自己一下。

祕訣 256

邱比特射箭

射箭、射飛鏢時，孩子是否能夠順利射中紅心，**除了基本的專注之外，還得具**

備手的穩定性及手眼協調等能力，外加上一點點的運氣。

讓孩子像個邱比特，一起專注瞄準吧！如果沒有箭、沒有飛鏢，或擔心危險，索性將紙團投向前方的桶子也行。

祕訣 257

電流急急棒

日本有一個電視節目《火焰挑戰者》，當中有個知名的單元「電流急急棒」。過程中，參與者需要非常專注，屏氣凝神地以金屬電棒通過兩條狹窄、彎彎曲曲的鐵條之間，而不能觸及鐵條，否則會引發爆炸而輸掉，無法過關。

當然，你不用真的去尋找或製作電流急急棒，但是可以運用上述的迷宮遊戲為媒介。孩子除了從起點順利走到終點外，同時，**所拿的筆就如同上述的金屬電棒，在走迷宮的過程中，不能去碰觸到迷宮的邊線。**

祕訣 258

排骨牌

耐起性子，排列骨牌。過程中，讓骨牌立於不敗之地。**這不只需要專注力，還牽涉到孩子的手眼協調、動作平衡感、手部及情緒的穩定度。**當然，要一個一個骨牌穩穩地依序排列，所需要的注意力持續性也相當可觀。

當眼見壯觀排列的骨牌，能夠一一順利及優雅地跌落在前一個骨牌上，最後達陣成功，這也是一件很爽快的事。

祕訣259

紙牌之屋

電影《摯愛》（House of Cards）劇中，被診斷為自閉症的莎莉，在影片裡有一段讓母親瞠目結舌的能力，就是將紙牌一張一張堆疊成螺旋式的紙牌屋。當然，你與孩子不需要有如此神奇與特別的能力。

但是回到專注力遊戲這件事，你卻可以和孩子試著以撲克牌，一張一張依自己的想法，嘗試堆疊出各式各樣的紙牌之屋或金字塔。同樣地，**除了專注與持續外，平衡、穩定與手眼協調仍然是必經之路。**

祕訣260

Taipei 101遇見杜拜塔

如果堆疊撲克牌的難度太高，那麼不妨拿起積木一塊一塊地，平心靜氣向上堆疊。Taipei 101也好，杜拜塔也行，日本東京的天空樹也可以。

鼓勵孩子向自己的堆疊高度紀錄挑戰，你將見識到**在積木逐漸堆高的過程中，孩子的專注功力也隨之加深。**

祕訣 261

走直線

讓孩子練習走直線，可別東倒西歪，會被懷疑酒駕的。**在一步一步走的過程中，讓孩子慢慢體會及感受自己的步伐平衡，保持專注。**

提醒孩子，走直線的同時，也可以面帶微笑，優雅以對喲！

祕訣 262

伸展台走台步

想像你是凱渥模特兒經紀公司的模特兒，除了前面的走直線之外，再增加一點難度。例如，在頭頂輕輕擺放一本書，或雙手拿著壓克力板，板子上放顆乒乓球，往眼前的伸展台走去，轉身，再回來。

記得，除了姿態要優雅外，**頭頂上的書本或壓克力板上的球，都不能掉落。**

祕訣 263

拋接溜溜球

在兒時的回憶裡，你是否還記得，那套在手指上的細細繩圈，如何將手中的溜溜球往不同角度拋出，並藉由你的拋擲力或重力使溜溜球開始旋轉。或許來個帶狗散步，讓溜溜球在地上滾動；時而來招勁力旋風或前拋，再漂亮地將溜溜球收回你的手中。

要完成這漂亮的身段，**在拋與接的過程中，專注力的充分發揮的確不可少。**讓孩子也來段YO-YO吧！

祕訣 264

扯鈴運動

扯鈴不只在傳統藝術表演裡常見，現在許多學校社團也有扯鈴的訓練。就像溜溜球，扯鈴的拋接，讓專注力能夠更完美地表現出各種招式，像是交叉運鈴、螞蟻上樹、大鵬展翅、左右逢源，或來個前繞後繞、倒掛金鉤等。

在身形優美的扯鈴招式中，讓我們一起看見孩子專注力的呈現吧！

第十章 教室裡的專注力

提升教室裡的專注力

有時，在教室裡，我們很容易把孩子許多不理想的課堂表現，統統歸咎到「不專心」的桶子裡。似乎只要把問題往這裡扔，歸於專注力有問題，一切就迎刃而解了（謎之音：再加上如果能夠說服家長，讓孩子服用所謂的「聰明藥」的話……）。

但千錯萬錯，卻不一定是專注力的錯——雖然，老師也很少認為自己的教學有錯（喔，不是錯，是要調整）。我們需要對教室裡的孩子有多一層的了解。在看似不專心的身影之下，其實還有許多的可能原因存在。先不急著馬上推……推到專注力上，太過用力了，反而不容易發現真相。

的確，有些孩子的專注力是有些瑕疵，品質不是那麼良好，並且總是反應在聯絡簿漏抄，或把簿子遺忘在每個角落的情況。而當學生的桌面總是一團亂時，如同激起一股亂流般，也會讓老師的教學心情跟著紛亂。

要讓孩子的專注力在教室發功，老師若能有舉手之勞給予協助，孩子真的作夢也會笑（請放心，是指回家睡覺的時候）。

在演講的場合，我常常會問台下的老師們一句話：「請想一想，在孩子的專注力上，我們曾經為他做過什麼努力？」

我相信，在某個教室裡，一定有某位老師，願意為那位在專注力上需要被協助的孩子，啟動執行力，讓孩子變得更專注，讓生活與學習更美好。

問題三十四
真是孩子的專注力出了問題嗎？

「王・春・和！」導師用力地敲著黑板，一個字一個字地叫著名字。突然被這麼一叫，低頭在座位底下把玩著扭蛋的春和，趕緊把扭蛋放回抽屜裡，抬起頭，正襟危坐地，兩眼直視著板起臉孔的美香老師。

「我已經警告你多少遍了？上課這麼不專心，課本也不打開，只顧著低頭玩扭蛋。我看這下你完蛋了，扭蛋拿過來。什麼時候專心，什麼時候再拿回去。」只見春和拖著腳步，手握著扭蛋，不發一語地低頭走向講台。

「你過來寫這一題。」美香老師指著黑板上的直式除法練習，「老是講不聽，上課也不好好聽，我看你的數學真的是完蛋了。」

窘在台上的春和，對著「20÷3＝？」的算式發呆。底下的同學們三三兩兩地發出嬉笑聲，「這麼簡單的除法算式也不會，春和真的是完蛋了。」

春和時而摳弄著指甲，時而扭轉著衣角。由於遲遲無法算出答案，而被美香老師要求站在一旁聽課。「看你站一站會不會比較清醒。除法都已經上過那麼多次了，竟然連二十除以三等於多少都算不出來。」

美香老師氣歸氣，心裡卻有些納悶：「要說春和不專心，倒也不盡然。上國語課時，他倒是常常兩眼看著前方，露出微笑地跟著朗讀課文。國語小考，無論圈詞、聽寫或評量，也都有一定的水準，作業也沒缺交。但為什麼上數學課時，就老是愛東玩西玩，說也說不聽，數學成績總是一塌糊塗。」

杵在黑板前的春和，對於眼前的除法算式仍然一臉茫然。「20÷6＝？」、「24÷7＝？」、「36÷7＝？」……

「奇怪，這孩子怎麼站不怕？都已經貼著黑板這麼近了，還是搞不清？這到底是專注力不好？還是數學底子沒打好？」美香老師決定重新去翻翻春和以前一、二年級的數學成績。「如果是數學概念不好，說真的，罰他站著也沒多大作用。」

沒有扭蛋的日子，春和在數學課上，繼續發著呆。

提升教室裡專注力的祕訣指南

祕訣265　乖，不等於專注
祕訣266　從結果反推
祕訣267　非戰之罪
祕訣268　優先澄清理解力
祕訣269　澄清的方式
祕訣270　焦慮躲在分心裡

祕訣265

乖，不等於專注

孩子乖乖地坐在教室裡，就一定代表他夠專注嗎？當然不是。專注力是一段認知歷程，如果僅僅從孩子的行為表面來推斷他是否專注，其證據力是很弱的。

有時，孩子安靜地坐在位置上，眼睛注意著你，你可以說他很乖，能夠遵守班級秩序，但是他的腦袋瓜裡到底有沒有在運轉？又是如何運轉？說真的，沒有人知道。

有人問我：「你的意思是說，上課不乖，也不表示他不專心囉！」嗯，沒錯。

祕訣266

從結果反推

為了確認孩子在教室裡的專注程度，你可以透過任何的聽、說、讀、寫、算等方法，或是讓他動手表現出來，做為是否展現專注力的參考依據。

若孩子可以順利地表現出符合期待的聽、說、讀、寫、算，或是做出成品，可以肯定他在這件事情上，能夠充分反應出該有的專注力。但是，**如果聽、說、讀、寫、算或動手做，都沒有表現出該有的水準，我們還是不能直接認定孩子的專注力有問題。**

祕訣267

非戰之罪

千錯萬錯都是專注力惹的禍？考試考不好，都是孩子不專心？功課拖那麼久，就是孩子愛分心？上課問問題，孩子都沒反應，一定是沒在注意聽？……

但，真的是這樣嗎？其實倒也不一定。

有時孩子考試考不好，可能是昨晚沒睡飽、沒有復習、無法理解題意或缺乏計算能力。功課拖很久，也有可能是作業不會寫、精細動作能力不佳或握筆姿勢不正確、手沒力氣等。而上課沒反應，也可能是孩子有所擔心或焦慮。

這裡要強調的是，面對眼前的孩子看似專注力的問題，在處理前，你可能先需要像美香老師一樣抱著懷疑精神，澄清到底是什麼原因，並且再次提醒自己，**千錯萬錯，不見得都是專注力的錯。**

祕訣268

優先澄清理解力

想像你正在聽一段用韓文或阿拉伯文發音的影片，你正嘗試從角色的表情與動作，來猜測他們到底在傳達什麼。有一點可以確定的是——你實在聽不懂他們在說什麼。請問，這時你的專注力可以維持多久？如果維持不久，是否就表示你的專注力有問題？這倒不一定。或許你應該先解決聽覺理解的問題，再不然，就請對方貼心地附上中文字幕吧！

同樣地，坐在教室裡的孩子也會有類似的狀況。然而，他的理解力是否曾經被我們注意與顧慮到呢？**面對專注力，一定要先確認孩子的理解程度，才知道他應該加強的是專注力、理解力，還是基本概念。**

我自己在實務上就曾遇見，有些爸媽原本擔心孩子的數學成績老是不理想，心想應該是專注力的問題，而希望安排專注力訓練。但問題澄清後才發現，孩子真正需要的是數學概念的再補強。

祕訣
269

澄清的方式

如何確認孩子成績不理想是專注力不佳，還是基本概念與能力有問題？建議你，**選擇一個純淨的空間，盡可能把各種可能的干擾因素移除，將作業、評量或考卷上的題目裁成一題一題，讓孩子在這純淨的空間裡，一次只做一題，隨後判斷孩子在解題上是否正確。**

在上述的情境裡，已經試著營造出集中性專注力所需要的最單純情境，也就是說，把注意力分散的可能性降到最低。如果孩子在這樣的情況下，仍然不會寫或解題錯誤，這時基本概念與能力的不足，可能勝過於孩子的專注力問題。

反之，如果在上述的情境中，孩子都能一題一題順利地解題，但是回到教室裡，當你重新將整張作業、評量或考卷交付給他，解題表現卻不理想，或許就可以進一步釐清孩子的專注力是否有狀況。有時面對一張考卷上滿滿的題目，孩子很容易眼花撩亂，注意力分散。

祕訣 270

焦慮躲在分心裡

分心，有時是焦慮在作怪。情緒對於孩子的專注力表現是很切身的。**當孩子在教室裡出現注意力渙散的現象——特別是每一個科目都如此時，便有必要進一步澄清，孩子現階段的情緒表現是否出現焦慮，或是憂鬱在作怪。**

但焦慮、憂鬱的孩子，不見得能很充分地說出自己的身心狀況。這方面，需要透過晤談才比較容易釐清。

請提醒自己，我們是否能夠有效辨識出孩子的壓力源。或者對於眼前孩子的狀況，我們熟悉到什麼程度。孩子是否出現分離焦慮、選擇性緘默症、妥瑞氏症，或是伴有泛自閉症等問題。

自我檢測一下，關於孩子的身心狀況，你可以說多少。

問題三十五
孩子老是漏抄或沒帶聯絡簿，怎麼辦？

「小諾，你的國習第九十二、九十三頁怎麼沒寫？你的聯絡簿不是都已經給媽媽簽名了，怎麼還是漏寫作業？不要老是這樣，講都講不聽。待會不准下課，馬上補起來。另外再加罰寫兩遍，看你下次還會不會記得。」品清老師板著臉，邊改作業，邊叨念著一臉無辜的小諾。

「昨天不是只有數卷訂簽和英習第二十一頁嗎？」小諾拿著聯絡簿走回座位，問前座的湘琳。在班上，湘琳的成績總是最好，品清老師常常都愛讚美她。她是個很專心、很認真、很用功又很讓人喜歡的女同學。

「是你漏抄了喲！」湘琳溫柔地回應著，「下回你抄聯絡簿時，還是仔細核對一下比較好，不然老是被罰寫，下課都不能出去玩，這樣不是很累嗎？」

「可是我也很專心地在抄聯絡簿啊！而且也都很快就抄完了，不會像以前都一直拖到放學前才抄完。」小諾努力地為自己辯駁。

「我沒說你不專心，你現在都抄得很快，這一點你的確進步很多。但是，除了抄得快，也要抄得對才行啊！」嗯，湘琳果然是比自己成熟許多（好感度再升一級）。

小諾回想著一年級在茉莉老師的班上，和他同組相互檢查聯絡簿的阿錚總是愛數落他說：「笨蛋小諾，拜託，連抄個聯絡簿都不會。是數習第五十九到第六十一頁，不是第五十六頁到第五十八頁啦！」

「嗯，果然還是湘琳比較好，不像以前的阿錚那樣愛罵我。」想到這裡，小諾偷笑了起來，因為他對湘琳的印象真的很好（喔！戀愛）。

「小諾，你還在發呆？趕快把漏掉的國習第九十二、九十三頁寫完。別忘了，你還要罰寫兩遍耶！再不寫，今天你真的別想玩了。」湘琳略皺著眉對小諾搖搖頭。

（嗯，連皺眉也令人陶醉！）

提升教室裡專注力的祕訣指南

祕訣271

背下來，再抄寫

孩子抄寫聯絡簿，有時候習慣看一個字、抄一個字，抄完一個字，再抬頭看另一個字。在這來來回回之間，注意力便很容易出錯（這也挑戰著孩子的轉換性注意力）。

引導孩子，**在抄寫聯絡簿時，試著先將內容分段背下來，再抄寫**。直接從腦袋瓜裡的短期記憶提取，這樣比較能夠降低視覺搜尋及注意力轉換時，在來來回回之間可能產生的錯誤。

祕訣 272

擔任聯絡簿謄寫員

注意力渙散的孩子，總是容易在抄寫聯絡簿上狀況百出。為了改善這種情形，建議老師們，將聯絡簿的謄寫任務交付給孩子。

首先，在早自習時，老師將今天的聯絡簿內容交給孩子，讓他先把這些內容抄在自己的聯絡簿上（第一遍），隨後，再一次把內容寫在黑板上（再一遍）。

由於孩子被賦予了「聯絡簿謄寫員」的任務，勢必要啟動自己的專注力。同時，今日聯絡簿的內容事項抄寫兩次，也讓孩子的印象像油漆般刷了兩次。

記得，要適時給予「聯絡簿謄寫員」獎勵喲！

祕訣 273

雙重確認

適時**兩兩一組，確認彼此抄寫的內容是否正確**（嗯，如果可以跟喜歡的人分在同一組該有多好？作夢中……）。同時在放學前加碼確認，畢竟聯絡簿還是得帶回家。

如果孩子老是容易將聯絡簿遺忘在教室的抽屜深處或某個角落，你可以舉手之勞，幫個忙說：「小朋友，現在拿起你的聯絡簿。打開書包，把聯絡簿放進去。」

祕訣 274

給個大勾勾

我常說，親師之間的轄區需要分清楚。在學校，由老師負責；回到家，由爸媽負責，彼此通力合作。

當孩子在家裡完成作業時，請讓孩子建立習慣，在聯絡簿裡完成的事項上，拿鉛筆給他用力地畫個大勾勾。**除了確認自己已完成的部分外，在勾的那一剎那，也讓孩子感到了完成的爽快**。

看見大勾勾，總是一件讓人賞心悅目的事。同時，隨時檢視自己是否還有所遺漏。

秘訣275

逐一唱名

打開聯絡簿，讓孩子大聲地逐一唱名，**把今天老師所交代的事情一點一點、一項一項，大聲地說出來，並進行確認。**

寫完作業後，除了上述的打勾勾之外，也要再大聲確認一次，例如：「數作第二十八頁至第三十頁，寫完。國語第四課生字半行，寫完。」

秘訣276

作業依序堆放

在檢查孩子的聯絡簿之前，請讓他**按照抄寫在聯絡簿裡的內容，將已完成的作業、評量、課本或學習單，依序堆放在桌面上，等待爸媽的檢查與確認**，就像小祕書把公文放在大老闆的桌面上一樣。

專注力，可以說是一種良好習慣的培養，請試著讓孩子建立這個好習慣。

秘訣277

補寫，不罰寫

在學校，當老師發現學生的作業該寫沒寫或有遺漏時，**孩子需要補寫，但不建議要求他罰寫，以免讓他對寫功課這件事產生厭惡。**

我知道老師難免會認為應該給孩子嘗嘗苦頭，看他下次敢不敢。但如果孩子本身連卡費的「本金」都繳不起了，又該如何計算循環利息呢？這一點，在ADHD或ADD孩子的身上很常見。

只是，爸媽可能要想想，若昨晚自己有認真檢查聯絡簿再簽名（簽名是表示一種負責，不是練筆喲），怎麼會沒發現有遺漏呢？除非孩子聯絡簿漏抄，或用鉛筆寫再故意擦掉了。

祕訣278

關於後果的選擇

假如孩子在能力範圍內未盡責任，該寫未寫，那麼他的確需要承擔未完成作業的後果，但請不要罰寫。當然，行為後果也不等同於打罵，**關鍵在於孩子對於這個後果是否在意與在乎。**

打罵，某種程度反映著我們大人解決問題的能力有限——這點很容易被孩子看破。想要用打罵來催生出孩子的專注力，套一句台灣歇後語：「阿婆仔生子，很拚！」只怕產生反效果，你的影響力只會愈來愈低、愈來愈低、愈來愈低……

好吧！不罰寫、不打罵，那請問他該有什麼後果呢？其實這沒有標準答案，因為每個孩子的狀況不一樣。

但一樣的是，你可以想想：「我對他了解嗎？在教室裡，什麼事情是他在意的、在乎的？」例如，有的孩子對於不能下課很在意，但有人就是一副無所謂。

祕訣279

反問的作用

除非你很了解孩子在意與在乎什麼樣的後果，不然，你也可以選擇反問孩子：

「功課沒寫完這件事，老師可以怎麼處理？」

「功課沒寫完，你該如何負責？」

讓他思考、回答，以自我覺察行為與後果的關聯性。

若孩子回答你：「不知道。」沒關係，那就請他下課時坐在位置上，繼續好好想。

若孩子這麼回答你：「老師，那就罰我掃廁所。」「老師，那就罰我今天不能下課。」「老師，那就……」

這時，你可以溫柔又堅定地反問：「為什麼我這麼做，你就會專心寫作業？」

問題三十六
孩子的桌面總是一團亂，怎麼辦？

「林天奇！你以為自己是在擺攤做生意是不是？」利晴老師雙手環抱胸前，眼神犀利地注視著天奇那凌亂不堪的桌面。

這時，只見其他同學噗哧地笑著，交頭接耳地說：「警察來了！警察來了！要來開罰單了。」「哈！這回他躲不掉了！」「天啊！不知道他已經被開了多少張罰單。」

天奇不以為意地將桌面的物品往抽屜裡塞，只是原本的抽屜裡早已擠滿了東西，剛塞進去的課本、作業簿一本本地掉落，讓天奇顯得有些手忙腳亂。這畫面更激怒了利晴老師。

「真是不像樣！難怪上課那麼不專心，光是桌上這些東西就足以讓你忙半天了，還不包括你抽屜裡的、椅背上的和地上的。待會你就別給我下課，快給我清乾淨！」

提升教室裡專注力的祕訣指南

祕訣280 鐵板好料理

利晴老師實在無法忍受天奇如此凌亂，愈看愈讓自己的心情浮躁，總是壞了教書的氣氛。「實在是太誇張了，衛生紙、飲料杯、橡皮擦屑、斷掉的筆心、不屬於這堂課的作業本、遊戲王卡、貼紙簿、鉛筆盒……」單單桌面上的物品就讓她數不完，當然，天奇的整理速度更是慢。

利晴老師非常在意教室裡的視覺感受，簡潔、單純、乾淨、清爽，是她對於同學座位與桌面的基本要求，然而天奇總是挑戰著她的底線。

其實天奇本身沒有這麼想，但凌亂似乎成了他習以為常的模式，每天總是周而復始地由利晴老師提醒，他收拾；利晴老師再提醒，他再收拾……沒完沒了。說是收拾，或許也只能說是移位而已——把桌面上的東西塞進抽屜裡，或放在椅子底下。

「到底該如何是好？」利晴老師一直在思索與苦惱著。

祕訣281 擺出好傢伙
祕訣282 自行判斷，下好離手
祕訣283 乾溼分離
祕訣284 打造舒適的教室

祕訣280

鐵板好料理

有時，孩子的注意力容易受到視覺刺激的干擾而渙散，這表示選擇性注意力有待改善。

我常常以鐵板燒的料理台為例，每完成一道料理之後，廚師總會將眼前的鐵板清理乾淨，準備下一道菜。先炒豆芽，接著換高麗菜，清乾淨後再來盤海鮮龍蝦。為了讓每道料理都維持它原本的美味，不讓鹽、胡椒、酒等調味混雜在一起，壞了彼此的味道，每回鐵板的清理都有它的必要性。

鐵板師傅教了我們一些事——孩子的桌面，也要比照辦理。**試著在每節下課時，讓孩子移除掉桌面上不必要的物品。**

祕訣 281

擺出好傢伙

當孩子在書桌前正襟危坐，準備進行上課大戰時，擺在眼前的火力部隊以精兵作戰為原則，**只要一枝筆、一塊橡皮擦和一本課本就好**，其餘閒雜物一律退出戰線。鉛筆盒拿走，多餘的文具用品也拿走，不需要的作業或其他干擾物統統都拿走。乾淨俐落，擺出好傢伙。

過多的東西，只會耗損孩子的專注戰力。

祕訣 282

自行判斷，下好離手

當孩子必須專注在一件事情上，例如閱讀、寫作業、做評量時，**環境是否真的都要清空？這倒不一定，但多數還是以單純為原則。**

但是，哪些物品適合出現，哪些物品最好遠離，或許可以先讓孩子自己來判斷，下好離手。同時，請從旁觀察孩子的表現，是否能夠維持應有的專注水準。

祕訣 283

乾溼分離

乾溼分離？沒錯。有的老師對於孩子桌面的要求有一定的標準，例如課堂上，

不允許孩子在桌上擺出一些瓶瓶罐罐的開水或飲料，這些容易引起孩子分心的物品，一律放入教室旁邊的櫃子內或椅背上的袋子裡。

「老師，可是我上課會口渴耶！」孩子可能會舉手抗議。

「很抱歉。上課是我在講，還是你在講？要口渴也是我！要喝水，下課再說。」嗯，鼻子摸摸，抗議無效。

祕訣284

打造舒適的教室

想像一下，你在教室裡能夠待多久？整個教室的氛圍是否讓你有放鬆的感覺，或讓你感到煩燥——特別是在下雨潮溼的日子，或悶熱窒息的夏日午後。

假如老師對於自己的教室總是感到不舒服，要期待坐在座位上的孩子維持足夠的專注力，就更不容易。別忘了負面情緒很容易像亂流，搗亂專注力的飛航方向。

試著全班動起來，讓教室變得清爽。**移除雜物，讓干擾遠離視線，重新打造讓老師與孩子都願意待在裡面很久的舒適教室吧！**

問題三十七
如何讓孩子在教室裡更專注？

小薇老師望著坐在角落第一排第一個位置的君澤，他總是兩眼放空，時而對著桌面發呆，時而把玩自動鉛筆的筆心或塗抹著桌上的橡皮擦屑，像個失魂落魄的遊魂一般。

小薇老師曾經教過類似注意力缺陷的孩子，心想：「一直提醒他、糾正他，抱怨他要專心、要注意，作用真的不大。說久了，除了孩子自尊心下降，同學暗自嘲諷，自己的教學情緒與節奏也受挫之外，孩子的專注力表現仍然停滯。我看，我真的得想想辦法，調整一下班級經營和教學方式，讓君澤的注意力能夠跟得上課程的腳步。」

小薇老師的態度算很積極的。她知道孩子不專心，有時不一定真是注意力有缺陷。「到底是孩子的注意力不好，還是老師自己教得太無聊？」在研習中聽過的這句話，讓小薇老師學會不斷自我覺察，自己的教學方式是否能引起孩子們的注意與動機。

「各位同學，現在三分鐘搶答比賽即將開始。每排第一個同學負責回答老師的問題，所以各排記得把你們知道的答案輕聲細語、不讓他組聽到，但迅速地傳給第一個同學。君澤、美惠、小田、綺綺、英明、志倫及耀強，七位搶答手，預備——」

這時，君澤兩眼炯炯有神地注視著小薇老師，蓄勢待發的積極模樣，讓老師心裡感到很窩心。

「嗯，這就是我要的。原來只要老師願意花點心思，對於分心、渙散的孩子，果真能夠重新將他們的注意力啟動，調為聚焦模式。」

不只君澤的上課參與度變強了，小薇老師對於自己的教學技巧及班級經營的應變，也深覺滿意。

「好，現在每一組的排頭搶答手到前面來。剛剛是由老師問，小朋友回答，現在改由你們在黑板上出題目，讓其他組作答。」哇！這七位排頭需絞盡心思，認真思索著如何出好題目。

君澤右手輕撫著自己的下巴，頭往左上方，不時輕輕點頭思考著。這模樣，真的是少見的專注。小薇老師知道孩子的注意力回來了。

「嗯，這副專注的模樣，我真的要讓他們自己看見。」她瞬時拿起iPhone，將台上這七位同學的專注模樣錄了下來。

當然，「君澤也能夠專心」這件事情，讓小薇老師更加深深地相信：「只要老師願意在班級經營上做些改變，孩子一定能夠適時回饋他的專注力給老師。」

想到這裡，小薇老師再次從心底發出甜美的微笑。

提升教室裡專注力的祕訣指南

祕訣285 就是要好玩
祕訣286 加「演」元素
祕訣287 互「演」模式
祕訣288 走向聽眾
祕訣289 比賽有助於燃起活力
祕訣290 用眼神啟動説話模式
祕訣291 寬容的允許
祕訣292 全方位錄影機

秘訣293　請發問
秘訣294　角色轉換——學生變老師
秘訣295　練習出考題
秘訣296　任務在身
秘訣297　教室裡的搖滾區
秘訣298　謝絕外野與場邊的座位
秘訣299　有專注，也有好回饋
秘訣300　分享，換得好專注
秘訣301　啟動執行力

秘訣285 就是要好玩

好玩、有趣，孩子的注意力就容易不請自來。請仔細想想：**如果老師對自己所教授的課程內容都不感興趣，覺得索然無味，又要如何讓孩子維持住在課堂上的專注力？**

試著把教學變好玩。也許你覺得很麻煩、傷腦筋或費力氣，但是，在教學上有效能的老師，往往功力也在這裡。

請你問問自己：「我是不是一個教學有趣的人？」

祕訣 286

加「演」元素

如果想要吸引住孩子在課堂上的目光與注意，建議你，適時在教學裡，加入一些「演」的元素。這一點，若你曾參與過或者聽過我的演講或研習，應該會有深……刻的印象（常有聽眾說，老師，你很愛演耶）。

試著把你所要傳達的內容，透過豐富的肢體語言、表情動作和聲音的變化，甚至於有些戲劇性地把它好好「演」出來。別擔心，不是要你走演藝圈啦！

祕訣 287

互「演」模式

當然，「演」不會只有你在演，請讓台下的孩子也有共同參與「演」的機會。

互動式的教學，特別是出其不意地讓孩子參與，有時會讓聽者隨時保持警覺的狀態，想著：「我會不會是下一個主角？」

當然，不是要讓孩子變得緊張，擔心你什麼時候會突然叫到他上台演練（雖然有些畏縮、緘默的孩子容易感到焦慮），**只要你的教學氣氛帶點輕鬆、愉快，孩子就會樂在其中。**

祕訣 288

走向聽眾

你是否曾經覺察過，在教學現場，自己總是站在固定的位置或坐在講台椅子上，和台下的孩子保持著距離？教室不是雪山隧道，不用維持五十公尺的行車安全距離。

請記得，雙向式的教學互動是維繫孩子專注力的好方式。在課堂上請不要唱獨腳戲，若你一個人在台上自言自語，可是會讓孩子進入睡眠狀態的。

試著走進台下的學生之中，拉近彼此的身體距離。

當你透過走位來靠近孩子，適時地互動，你將發現底下的聽眾能夠維持漂亮的專注力，而且可以持續很長一段時間。

這是我由多年來的演講中，所發現的恆久不變道理。在教室的你，我想一定也可以。

祕訣 289

比賽有助於燃起活力

有些孩子需要立即的回饋（ADHD孩子更是如此），而比賽，總是能夠在短時間裡達到這樣的效果。

要維持孩子的專注力，需要一些燃料的推進。因此，補足這些燃料，在教學上做一些調整，是一條讓孩子通往專注的捷徑。

試著在課程裡加上一些小比賽，像是舉手搶答、分組競賽或上台作答。在不影響自己的教學節奏上，多一些競賽的成分，你會發現孩子的專注力將持續點燃起來。

班上如果有泛自閉症的孩子，比賽的頻率則建議低一些，因為這些孩子對於情境的變化較不易調適，對於比賽結果的不確定性，很容易感到焦慮、不安。

祕訣 290

用眼神啟動說話模式

「孩子的眼睛沒有看你，請不要跟他說話。」這是我常常向家長與老師強調的一句話。保持緘默，先不急著開口，讓現場的氛圍先凝結。

注視著孩子，不管他有沒有抬頭看著你，先注視孩子。發揮點耐性，戲棚下站久了就是你的。持續看著他，直到他眼神注視著你。

縱使孩子的眼神開始留意你了，但仍請繼續保持緘默。很有意思的是，當孩子不知道你要幹嘛的時候，反而容易激起他的好奇心，心想：「你到底想要做什麼？說什麼？」反過來，開始讓他對你的眼神多加碼，停留一些時間。

把你要對孩子說的話，先在心中醞釀、演練，就如電影中的對白。**請提醒自己，說話如同花錢買廣告——貴得很。預算有限，所以請記得說重點。**

如果孩子專注力有瑕疵，話說太多，他反而捕捉不到關鍵，無法第一時間掌握你要傳達的訊息。

祕訣 291

寬容的允許

課堂上要求專注，倒不是要孩子整日目不轉睛或正襟危坐。這樣的孩子，充其量只能說他有聽話地乖乖坐在位置上。

如果你發現孩子坐「兩腳椅」能夠更專注於學習，在不影響教學或他人的情況下，安全範圍內，你是可以放寬對他的要求。

同樣地，如果孩子一邊上課，一邊手中玩弄橡皮擦而能因此更專注，這也是好事一樁。這就像有時大人轉筆以維持專注一樣，但轉筆功力要好一些，不要掉。

想要孩子維持專注力，請給予他寬容的允許。意思是說，不要趕盡殺絕啦！

祕訣 292

全方位錄影機

讓孩子想像坐在教室裡的自己，有如一台全方位的錄影機。**鏡頭（雙眼）聚焦在眼前的老師與黑板、白板上，隨著老師的走動教學，適時移動自己這台錄影機，並將畫面在腦海裡同步播放。**

孩子需要一點想像力。如果你願意，試著讓孩子練習拿起手機或相機，啟動錄影模式來拍教學的你。有了這種觀看的經驗，孩子要醞釀想像就更容易。被錄影讓你感到不自在？那麼，請跟孩子要求：畫面僅限「館內」閱讀——只能在教室裡看喲！

祕訣 293

請發問

你可能發現，多數的孩子在上課時總是選擇靜默，因為這對孩子們來說是最安全的做法，不問，就不會有錯。

然而，常在課堂上問問題的孩子（ＡＤＨＤ孩子天馬行空式的發問先不算），你可以發現，他的專注力在班上可能相對是好的。

多鼓勵孩子發問吧！無論是採取事先指定誰得問，或自由舉手發問的方式都可以。**多問，可以讓孩子自然而然地透過「問」，逐漸累積課堂上的專注力點數。**

祕訣 294

角色轉換——學生變老師

課堂上，可以來一個翻轉，讓學生轉換角色變成老師。你可以事先指定這堂課由哪些同學負責講課，而在講課時，請讓孩子以自己的方式表達。

可以讓不同的孩子負責不同的單元，例如數學課，有人講「等值分數」，有人說「異分母分數的大小比較」，有人談「整數相除」。

你可能質疑：「孩子真的會教嗎？」先別畫地自限，輕忽了孩子的表達能力。我想，角色轉換的重點不在於教得多好，而是讓孩子在參與的過程中，更加凝聚自己在課堂上的專注力。

祕訣 295

練習出考題

對於上課內容的理解程度，會出題目比會回答問題更重要。

讓班上的孩子練習針對今天所教的單元出題目，甚至還可以偶爾和同學互解彼此出的題目。出題，也是讓孩子練習主動參與。

雖然大部分的孩子可能會說考試是一件苦差事，但是對老師而言，出題更是件苦差事啊！

祕訣296

任務在身

責任感是一種自律，而要維持自律，基本的專注力是跑不掉的。

在課堂上，賦予孩子任務吧！讓孩子化身老師小助手是一個選擇。課堂上，孩子與老師成為生命共同體，**讓孩子參與你的教學，相互合作**，可以幫助專注力不打烊喲！

祕訣297

教室裡的搖滾區

如果你曾經去過大型演唱會，可以發現，搖滾區總是歌迷最期盼、同時也最容易與偶像接近的位置。在搖滾區裡，歌迷對於台上的表演總是帶著持續性的專注。

關於教室裡的班級經營，我常比喻為「演唱會」。如何能讓孩子維持專注，除了老師的演唱技巧、舞台風格和整體氛圍外，當然也包括了——孩子坐在哪裡。

你一定知道屬於教室裡的「搖滾區」在哪裡。**讓孩子往前面二、三排這裡坐吧！因為這裡的視野最好，而且你也總是會往這個區域接近。**走向孩子，他們的專注，需要你的靠近（這個重點是要反覆強調再強調的）。當然，如果你功力好，時時走動教學，教室裡也可能全面都化為搖滾區喲！

秘訣 298

謝絕外野與場邊的座位

別再把注意力渙散的孩子往遙遠的後座安排，或往窗邊、門邊靠近了。這些屬於外野及場邊的位子，孩子要維持專注力，基本上需要比其他人耗費更多的心力。

我常常在想，除非老師是故意要折騰孩子，否則他的專注力明明不好，為何老愛把他往後擺、往門邊放呢？

秘訣 299

有專注，也有好回饋

回饋，可以讓孩子知道自己在教室裡如何表現出專注力，是一道很強勁的加持與助攻。這種雙向的良性互動是很神奇又自然的方法，當老師具體回饋給孩子，專注的表現就很容易在教室裡再次複製。

「我發現你上這堂課時，眼神一直注視著老師和黑板，而且能夠適時地回答老師問的問題，也能提出你的好疑問。」

「讚喲！老師發現你很仔細地用手指頭輕輕滑過題目，也很認真地把答案再檢查過喲！」

除了按個讚，孩子更需要你的具體回饋。

祕訣 300

分享，換得好專注

分享，沒錯。在班級經營上，讓孩子學習分享，分享自己在日常生活中的所見所聞，分享在課堂學習的任何樂趣，分享屬於自己內在的心情。

因為要分享，所以孩子得練習對於周遭的事物產生關心和注意。分享，正如同你我在臉書塗鴉牆上的分享。

祕訣 301

啟動執行力

試著靜下心來，想一想：**「最近二十四小時內，在協助孩子提升專注力這件事情上，我是否曾經教過他什麼？」**

提升孩子的專注力，最關鍵的一件事就是「執行力」。試著依孩子的需求，選擇適合的祕訣，一起開始行動吧！

啟動執行力，幫助孩子往美好的生活，漸漸接近！

國家圖書館預行編目資料

孩子不專心，媽媽怎麼辦？／王意中著
--初版.--臺北市：寶瓶文化，2015.5
面；　公分.--(catcher；75)
ISBN 978-986-406-014-6（平裝）

1.親職教育 2.注意力 3.學習方法

528.2　　104007800

catcher 075

孩子不專心，媽媽怎麼辦？

作者／王意中 心理師

發行人／張寶琴
社長兼總編輯／朱亞君
副總編輯／張純玲
資深編輯／丁慧瑋　編輯／林婕伃
美術主編／林慧雯
校對／丁慧瑋・劉素芬・賴逸娟・王意中
營銷部主任／林歆婕　業務專員／林裕翔　企劃專員／李祉萱
財務／莊玉萍
出版者／寶瓶文化事業股份有限公司
地址／台北市110信義區基隆路一段180號8樓
電話／(02) 27494988　傳真／(02) 27495072
郵政劃撥／19446403　寶瓶文化事業股份有限公司
印刷廠／世和印製企業有限公司
總經銷／大和書報圖書股份有限公司　電話／(02) 89902588
地址／新北市新莊區五工五路2號　傳真／(02) 22997900
E-mail／aquarius@udngroup.com

法律顧問／理律法律事務所陳長文律師、蔣大中律師
如有破損或裝訂錯誤，請寄回本公司更換
著作完成日期／二〇一五年三月
初版一刷日期／二〇一五年五月二十六日
初版四刷日期／二〇二二年十月三十一日
ISBN／978-986-406-014-6
定價／三二〇元

AQUARIUS 寶瓶 文化事業

愛書人卡

感謝您熱心的為我們填寫，
對您的意見，我們會認真的加以參考，
希望寶瓶文化推出的每一本書，都能得到您的肯定與永遠的支持。

系列：Catcher 075　**書名：孩子不專心，媽媽怎麼辦？**

1. 姓名：＿＿＿＿＿＿＿＿　性別：□男　□女

2. 生日：＿＿＿年＿＿＿月＿＿＿日

3. 教育程度：□大學以上　□大學　□專科　□高中、高職　□高中職以下

4. 職業：＿＿＿＿＿＿＿＿

5. 聯絡地址：＿＿＿＿＿＿＿＿＿＿＿＿＿＿＿＿＿＿

   聯絡電話：＿＿＿＿＿＿＿＿　手機：＿＿＿＿＿＿＿＿

6. E-mail信箱：＿＿＿＿＿＿＿＿＿＿＿＿＿＿

   □同意　□不同意　免費獲得寶瓶文化叢書訊息

7. 購買日期：＿＿＿ 年 ＿＿＿ 月 ＿＿＿日

8. 您得知本書的管道：□報紙／雜誌　□電視／電台　□親友介紹　□逛書店　□網路

   □傳單／海報　□廣告　□其他

9. 您在哪裡買到本書：□書店，店名＿＿＿＿＿＿　□劃撥　□現場活動　□贈書

   □網路購書，網站名稱：＿＿＿＿＿＿＿＿　□其他＿＿＿＿＿＿

10. 對本書的建議：（請填代號　1. 滿意　2. 尚可　3. 再改進，請提供意見）

    內容：＿＿＿＿＿＿＿＿＿＿＿＿

    封面：＿＿＿＿＿＿＿＿＿＿＿＿

    編排：＿＿＿＿＿＿＿＿＿＿＿＿

    其他：＿＿＿＿＿＿＿＿＿＿＿＿

    綜合意見：＿＿＿＿＿＿＿＿＿＿＿＿＿＿＿＿＿＿＿＿

11. 希望我們未來出版哪一類的書籍：＿＿＿＿＿＿＿＿＿＿＿＿＿＿＿＿

讓文字與書寫的聲音大鳴大放

寶瓶文化事業股份有限公司

（請沿此虛線剪下）

廣　告　回　函
北區郵政管理局登記
證北台字15345號
免貼郵票

寶瓶文化事業股份有限公司　收

110台北市信義區基隆路一段180號8樓

8F,180 KEELUNG RD.,SEC.1,

TAIPEI.(110)TAIWAN R.O.C.

（請沿虛線對折後寄回，或傳真至02-27495072。謝謝）